하우스 막걸리

정회철 지음

동문통책방
2016

국립중앙도서관 출판예정도서목록(CIP)

하우스막걸리 / 지은이: 정회철. -- [고양] : 동문통책방, 2016
    p. ;   cm

ISBN 979-11-951580-6-5 13570 : ₩15000

막걸리

573.41-KDC6
663.4-DDC23   CIP2016008682

머리말

'술 빚어 파는 변호사'가 된 사연

'술 빚는 변호사'는 고상해 보이고, '술 빚어 파는 변호사'는 어딘가 속물 같아 보인다. 그래도 나는 '술 빚어 파는 변호사'이다.

나이는 55살. 물론 변호사 본래의 업무보다는 헌법 집필과 강의를 주로 했지만, 여하튼 사회적 신분은 변호사이다. 그런데 난 지금 강원도 홍천 '복골'이라는 골짜기에 들어와 전통주를 빚어 팔고 있다. 취미로 시작한 지는 10년이 넘어가고, 양조면허가 나온 것이 2012년 10월이니까, 본격적으로 사업에 뛰어든 것은 햇수로 4년째가 되었다.

난 술 고래도 아니고 술을 그렇게 많이 좋아하는 편도 아니다. 다만 술자리가 좋다. 술은 사람을 모이게 하고, 만나게 한다. 사람마다 성향이 제각각이지만, 선천적으로 알코올 분해능력이 없는 사람을 제외하고는 술자리를 마다할 사람은 없다. 술은 사람들을 불러 모은다. '내가 술 한 잔 사지.'라고 했을 때 이를 거부할 사람이 누가 있겠는가?

난 성격이 원래 활달하고 재미있는 사람인데, 자라면서 내성적이고 소극적이 되었다. 난 사람들을 좋아하는데 그 사람들과 사귀거나 어울리는 데에는 젬병이다. 그래서 그 어색함을 없애주는 술자리가 좋았던 것이다.

어렸을 때에는 어른들이 준 그 달달한 막걸리 맛에 취해 골아떨어진 적도 있다. 그리고 대학교 재수할 때 처음 접했던 맥주의 그 시원함은 지금도 잊지 못한다. 대학교 들어와 주로 먹었던 막걸리와 감자탕…… 사회를 논하고 젊음을 바쳤던 그 술자리의 막걸리와 감자탕은 내 청춘의 전부가 되어버렸다. 그때 그 자리의 선배들, 동기들, 후배들…… 그 후 공장에 들어가서 먹었던 소주의 그 쓴 맛, 닭도리탕에 소주 한 잔 하면서 이 사회의 변화를 꿈꾸었던 그 엄혹한 시절…… 변호사가 되어 양주에 맥주를 탄 일명 '폭탄주'로 숱한 밤을 보내기도 했다. 그런데 지금은 그 소주와 맥주와 폭탄주를 멀리하고 우리 전통주를 먹고, 나아가 팔고 있다.

내가 우리 전통주를 접한 것은 인터넷을 통해서이다. 우연히 인터넷 서핑을 하다가 막걸리 빚는 법을 보게 되었고, 거기에서 일러준 대로 재료를 구해다가 똑같이 빚어 보았다. 그 조그만 항아리에서 술이 끓는 소리를 들었을 때, 그 환희는 정말 대단했다. 와! 나도 술을 빚을 수 있구나!

　처음 빚은 술을 주변사람들에게 주었을 때, 모두들 맛있다고 하면서, 전을 부쳐오고 난리가 아니었다. 지금 생각하면 맛없는 술을 그렇게 맛있다고 먹어주니, 참 고마운 분들이다. 처음 필드에 나가 홀인원을 한 기분이랄까, 처음 낚시를 갔는데 월척을 낚은 기분이랄까. 그래서 나는 계속 술을 빚었다. 내가 빚은 술이 맛있다는데, 그러면 계속 빚어야지. 내가 잘 할 수 있는 또 다른 영역을 찾은 것이다.

　우리 전통주는 정말 맛있다. 난 우리 전통주를 접하면서 술이 맛있다는 것을 처음으로 알았다. 난 전통과는 거리가 멀다. 친구가 박물관에 가면, 난 그 돈으로 극장에 가서 SF영화나 판타지 영화를 본다. 내가 전통주를 좋아하는 것은 전통을 계승하려고 하는 것이 아니다. 단지 그 술이 맛있기 때문이다. 외국의 어느 술보다도 맛있다. 우리 체질에 딱 맞는 그런 술이다. 그래서 난 술을 빚었고, 지금도 빚고 있으며, 앞으로도 빚을 것이다.

　우리 선조들이 그렇게 맛있게 빚어 먹었던 술을 세상 사람들에게 알려야 한다. 그래서 '예술'을 창업했다. 우리 술을 가장 빨리 알릴 수 있는 방법은 이를 상품화하는 것이라고 생각하고, 2012년 '전통주조 예술'을 창업했던 것이다.

술이란 취하려고 먹는 것이 아니라 맛있기 때문에 먹는다는 것을 우리 술을 통해 처음 알았다. 또한 밤새 먹어도 다음날 숙취가 전혀 없고 속이 깨끗하다. 따로 해장할 필요가 없는 것이다. 그리고 술은 사람의 품성을 바꾼다. 우리 술은 그 성질이 우리 산하를 닮아서 온순하면서도 강직하다. 그래서 그런지 우리 술을 대하면 자세가 바르게 되고, 술을 먹을수록 마음은 부드러워지고, 흥겨워진다.

그리고 우리 술을 계속 먹으면 취하다가 깨고 취하다가 깨고, 취하다가 깨기를 반복한다. '앉은뱅이 술'이란 취하다가 깨기를 반복해서 계속 앉아서 먹는다는 의미에서 '앉은뱅이'이지, 너무 취해서 못 일어나는 것을 의미하는 것이 아니다. 나아가 우리 술을 아무리 많이 먹어 취하더라도 어느 선을 넘지 않는다. 기억을 못한다거나 스스로 통제하기 어려운 상태가 되는 법이 없다. 이러한 우리 술의 매력에 빠져 직접 전통주를 빚게 되었고, 이를 남한테 알리고 싶었다.

지금은 가양주 형태로 전통주가 서서히 복원되고 있으나, 전통주가 발전하기 위해서는 더 많은 사람들로부터 사랑을 받아야 한다. 이렇게 좋은 술을 나와 내 주변의 소수 사람들만 즐길 것이 아니라 많은 사람들이 즐길 수 있어야 한다. 본래 우리의 술인데, 우리 조상들이 먹었던 술이고, 우리 유전자 속에 그 술에 대한 그리움이 남아 있는데…… 우리의 술이 많은 사람들로부터 사랑받기 위해서는 이를 상품화하지 않으면 안 된다. 비록 규모는 작더라도 누군가는 지금 시작해야 한다. 하나 둘 하다 보면 우리 술에 관심을 갖는 사람들이 많아질 것이고, 그러면 수많은 작은 양조장들이 생겨날 것이고, 다양한 술들이 탄생할 것이다. 이런 마음으로 시작했다.

또 하나는 술문화를 바꾸어야 한다. 술보다는 안주 위주의 술문화, 즐기기 보다는 취하는 것이 목적인 술문화, 전통주점 하면 막걸리와 빈대떡이 고작인 술문화…… 뭔가 우리만의 술문화를 찾아야 한다. 많은 사람들이 일본 사케집에 간다. 이는 단지 사케만 먹기 위한 것이 아니라 그들의 문화가 있기 때문이다. 우리 조상들이 수천 년에 걸쳐 훌륭한 술을 만들어 놓았건만, 후손인 우리들은 뭘 하고 있는가? 내가 할 수 있는 일부터 서서히 하려고 하고, 그 일 중의 하나가 바로 전통주 양온소(양조장)를 만들어 우리 술을 보급하는 것이라고 생각한다.(예술 홈페이지에 실린 글)

2012년 '예술'을 창업한 후, 탁주 두 종류('만강에 비친 달', '홍천강 탁주')와 청주 한 종류('동몽')를 생산·판매하고 있다. 올해 2016년 상반기에는 복분자주와 증류주를 추가 생산할 예정이다. 그동안 TV나 잡지 등의 언론에도 많이 보도되었다. 몇 군데에서 상도 받기도 했다. 작년에는 농림부에서 주관한 '찾아가는 양조장'에 강원도에서 유일하게 선정되기도 했다. 짧은 기간에 '예술'과 '예술의 술'들이 많이 알려졌다.

그렇다면 지금 '예술'은 사업이 번창해서 많은 돈을 벌고 있을까? 아니다. 작년까지 간신히 직원 월급 주는 정도로 만족해야 했다. 올해는 더 많이 팔려서 수익을 낼 수 있겠지 생각했는데, 복병이 생겼다.

저희 '예술'은 현재 직접 누룩을 생산하여 술을 빚고 있습니다. 그런데 신 누룩에 맞춘 술빚기가 아직 제자리를 잡지 못해 술의 품질이 일정하지 못합니다. 저희 '예술'은 이를 바로잡기 위해 앞으로 6개월 간(3~8월) 생산 및 판매를 일시 중단하고자 합니다. 저희 '예술'의 제품을 사랑해주시는 고객 여러분께 죄송스런 마음, 금할 길이 없습니다. 6개월 후에 더 좋은 제품으로 찾아뵙겠습니다. 감사합니다. 대표 정회철

올해 3월 10일 예술 홈페이지에 올린 글이다. 우리 전통주는 자연에서 접종시킨 누룩으로 빚는 술이다. 누룩에 활착하는 술균도 지방마다 같지 않다. 그래서 강원도 고유의 술균을 이용해야 한다는 생각으로, 더 이상 누룩을 공장에서 가져다 쓰지 않고, 자체적으로 누룩을 개발하기로 마음먹었다. 1년 가까운 시간이 걸렸다. 그래서 누룩을 개발했는데, 기존의 레시피와 맞지 않았다. 술맛이 일정하게 나오지가 않은 것이다. 그러면 또 연구하고 고쳐야 한다. 술 한 번 나오는데 4~5개월 걸리는데, 이를 실험하고 완성품이 나오려면 그만큼 시간이 걸린다. 고통스런 시간이 흘러가야 한다.

10년 전, 전통주를 취미로 배울 때에는 집에서 빚는 정도의 수준이었다. 20리터짜리 조그만 항아리에 술을 빚었다. 그런데 양조장을 하면서 생산규모가 늘었다. 120리터짜리 50개 항아리에 술을 빚는 작업이다. 이것은 항아리 한두 개 빚는 것과는 차원이 다른 일이었다. 어떻게 술을 빚어야 할까? 막막했다. 그리고 전통주 양조장을 어떻게 만들어야 하는지 일러주는 사람도 없었다. 당시 전통주 양조장도 거의 없기도 했다. 처음부터 하나하나씩 만들어가야 했다. 법밖에 모르는 사람이……

그리고 사업을 했다. 내 아버지가 사업으로 망하는 것을 보고, 절대로 나는 사업을 하지 않겠다고 맹세했건만, 정작 내가 그 길에 들어서고 말았다. 사업이 하기 싫어 '변호사 개업'도 하지 않앉던 내가, 그 지옥문을 열고 들어선 것이다.

　남들은 부러워한다. 남자의 로망을 혼자 다 이루고 있다면서…… 공기 좋고 물 맑은 자연 속에 들어가 맛있는 술을 빚고 있고, 더욱이 돈도 벌고 있으니 말이다. TV에도 많이 알려져 판매량이 많을 거라고 생각한다. 그런데 그게 아니다.

　다른 사람들은 휴가를 우리 '예술'로 온다. 나는 휴가를 다른 곳으로 간다. 10여 차례 넘게 TV에 나왔지만 주문이 별로 없다. 왜일까? 언론에서는 '술'보다는 내 개인 이력에 관심이 많다. 변호사가 어떻게 해서 술을 빚게 되었는가? 귀촌하니까 어떻더냐? 등등. 술은 부차적인 소재이다. 그러니 변호사가 술을 빚는다고 하면, 일반인들은 마트에서 파는 일반 막걸리를 빚는 것으로 본다. 전통주를 빚는다고 하는데, 그 전통주가 어떤 술인지를 모른다. 그러니 동네 마트에서 사다 먹으면 되지 굳이 주문해서 먹을 필요가 없는 것이다.

　이게 우리 전통주의 슬픈 현실이다. '전통주'의 실체를 모른다는 것. 마트에서 파는 장수막걸리나 참이슬을 우리 전통주의 전부라고 생각하고 있는 현실…… "시간이 흐르면 해결되겠지."라고 생각했다. 그런데 시간이 너무 흘러간다. 사업한지 이제 4년째가 되어간다. 앞으로 얼마나 시간이 흘러야 할까? 언젠가 우리 전통주의 전성기가 다시 도래할 거라고 믿는데, 그때가 너무 늦으면 나는 지쳐버릴 수 있다.

이번에 '하우스막걸리'가 법제화되었다. 우리 전통주가 보급될 수 있는 좋은 기회이다. 물론 쉽지는 않을 것이다. 많은 사람들이 관심을 갖겠지만, 하루아침에 하우스막걸리가 번성하지는 못할 것이다. 그래도 한 발자국 한 발자국씩 앞으로 나아가고 있다. 이렇게 나가면 언젠가 '쨍하고 해뜰 날'이 올 것이다.

"많은 사람들이 일단 '하우스막걸리'가 무엇인지 알게 하자. 그리고 당장 사업으로 뛰어들지는 못하더라도 준비는 할 수 있게 하자. 많은 사람은 아니더라도 한두 명씩 하우스막걸리 사업을 하게 되고, 그것이 장사가 잘 되면, 또 다른 사람들이 하우스막걸리를 할 것이다. 그렇게 하우스막걸리가 조금씩 확산되다 보면 우리 전통주도 덩달아 발전할 것이다." 그래서 이 책을 출간하게 되었다. 부족하지만, 법학자이면서 양조실무 경험이 있는 내가 할 수 있겠다 싶어 출간했다. 하우스막걸리에 관심이 있는 분들이나 전통주 양조에 관심이 있는 분들께 많은 도움이 되었으면 한다.

항상 내 옆에서 구박만 받는 아내에게 고맙다. 그리고 열심히 일하는 우리 '예술' 직원들에게도 고맙다.

2016. 3. 16.
강원도 홍천 '복골'에서
정 회 철

〈차례〉

머리말 '술 빚어 파는 변호사'가 된 사연 / 3

1장 하우스막걸리에 대한 기본이해 ─────────── 15

1. 하우스막걸리란 무엇인가? • 15
2. 누가 만들 수 있는가? • 17
3. 어디에서 만들 수 있는가? • 19
4. 어떤 술을 만들 수 있는가? • 19
   (1) 술의 종류
   (2) 전통주와 하우스막걸리
   (3) 하우스막걸리의 대상주류
5. 누구한테 어떻게 팔 수 있는가? • 31
   (1) 일반주류의 경우
   (2) 탁주, 약주, 청주, 민속주, 지역특산주의 경우
   (3) 하우스막걸리의 경우
   (4) 하우스막걸리의 용기용량
6. 어떤 요건을 갖추어야 하는가? • 36
   (1) 법정요건
      (가) 시설 및 장비 요건   (나) 주류제조면허
      (다) 주류제조면허의 효력   (라) 주류제조면허의 절차 및 서류
   (2) 양조시설·장비의 실제
7. 주세의 부과·징수 • 68
   (1) 주세의 과세방법
   (2) 세율
   (3) 주세, 부가가치세, 교육세
   (4) 주세의 신고·납부기한
   (5) 납세증명표지
8. 상표 - 주류의 표시기준 • 73

2장 전통주 양조에 대한 기본이해 ─────────── 83
1. 들어가는 말 ● 83
2. 전통주의 개념과 역사 ● 84
- (1) 전통주의 개념
- (2) 전통주의 역사
  - (가) 삼국시대 - 전통주의 맹아기
  - (나) 고려시대 - 전통주의 성장기
  - (다) 조선시대 - 전통주의 전성기
  - (라) 전통주의 암흑기
  - (마) 전통주의 재건기

3. 전통주의 양조원리 ● 92
- (1) 발효
  - (가) 발효의 개념
  - (나) 알코올 발효의 분류
  - (다) 발효미생물
  - (라) 당화 조건과 발효 조건의 차이
- (2) 밑술과 덧술
  - (가) 단양주와 중양주
  - (나) 밑술
- (3) 덧술
  - (가) 덧술의 의의
  - (나) 덧술의 원료
  - (다) 덧술의 종류
  - (라) 덧술의 관리
  - (마) 덧술의 감정
- (3) 전통주의 원료
  - (가) 주재료 - 전분질 원료
  - (나) 부재료
  - (다) 물
- (4) 누룩
  - (가) 누룩의 정의
  - (나) 곡(麯)과 국(麴)
  - (다) 누룩의 종류
  - (라) 누룩고리와 누룩의 두께
  - (마) 누룩의 부재료
  - (바) 역가(당화력, SP)

3장 어떤 술을 만들 것인가? ──────── 130

1. 양조 실제 ● 130

(1) 살균 소독
(2) 세미(쌀 씻기)
(3) 침지(쌀 불리기)
(4) 탈수(물 빼기)
(5) 증자(고두밥 찌기)
(6) 고두밥 식히기
(7) 혼화(섞고 치대기)
(8) 입항
(9) 발효
(10) 가수(加水)
(11) 채주
(12) 여과
(13) 숙성

2. 누룩의 제조 ● 144

(1) 원료선택 및 가공
(2) 반죽하기
(3) 성형하기
(4) 디디기
(5) 띄우기(발효)
(6) 법제
(7) 숙성
(8) 사용

3. 나만의 술 빚기 ● 154

(1) 들어가는 말
(2) 전통주 양조표
(3) 나만의 술을 어떻게 빚을 것인가

1장

하우스막걸리에 대한 기본이해

1. 하우스막걸리란 무엇인가?

정부는 2016년 2월 5일 하우스막걸리의 제조·판매를 허용하는 내용의 주세법시행령을 확정·공포했다. 공포한 날부터 바로 시행에 들어간다. 그렇다면 하우스막걸리란 무엇인가?

하우스막걸리란, 간단히 말해 '주막'이다. 옛날 주막은 음식점이

기도 하고, 술집이기도 하고, 여관이기도 하였다. 밥과 술을 제공해주고, 잠까지 재워주었다. 주막은 단순한 술집이 아니라 직접 술을 만들어 파는 곳이어서 술 제조와 판매를 함께하고 있었다. 바로 하우스막걸리는 옛날의 주막에서 여관 기능을 뺀 나머지라고 생각하면 된다. 즉 음식과 술을 직접 만들어 팔 수 있는 곳이 하우스막걸리인 것이다.

그런데 왜 이런 하우스막걸리가 새삼 문제가 되고, 국가에서 하우스막걸리를 위한 입법까지 하는 걸까? 그동안에는 식당 등의 식품접객업소는 술을 팔 수는 있었지만, 술을 직접 만들 수는 없다. 물론 주류제조면허를 받으면, 직접 술을 만들어 팔 수는 있다. 그런데 주류제조면허를 받으려면, 탁주와 약주의 경우에는 5㎘ 이상의 용기가 있어야 하고, 소주의 경우에는 30㎘ 이상의 발효 및 저장탱크를 갖추어야 한다.

5㎘ 이상의 용기를 갖추려면, 60ℓ짜리 항아리 80여 개가 필요하고, 이를 넣기 위해서는 최소한 10평 정도의 공간을 갖고 있어야 한다. 작업실과 병입실, 제품보관실 등을 포함하면 20평 정도는 되어야 술을 빚을 수 있는 것이다. 소주는 훨씬 더 넓은 공간이 확보되지 않으면 안 된다. 일반음식점이 이런 공간을 확보해서 주류제조면허를 받아 술을 빚어 판다는 것은 현실성이 없다.

한편 주세법에서는 농업인 및 농업법인(영농조합법인과 농업회사법인)에게는 이러한 시설기준을 대폭 완화해 주고 있다. 즉 농업인이나 농업법인이 우리 농산물을 주원료로 술을 빚고, 해당 지방자치단체장의 추천을 받으면 '지역특산주'라고 하여, 면허요건상 여러 혜택을 주고 있다. 탁주 및 약주의 경우 10㎡(약 3평) 이상의 공간만 있으면 술을 제조할 수 있고, 소주의 경우에는 25㎡(약 7.5평) 이상의 공간만 있으면 제조할 수 있는 것이다.

하우스막걸리는 농업인이 아닌 일반인에게도 주류제조 면허요건을 완화하여, 쉽게 술을 제조할 수 있게 하려는 것이다. 간단히 말해, 하우스막걸리는 '소규모주류제조'를 말한다.

2. 누가 만들 수 있는가?

하우스막걸리라고 해서 아무나 술을 제조할 수 있는 것은 아니다. 주세법 시행령 [별표 3]에 따르면, '식품위생법에 따른 식품접객업 영업허가를 받거나 영업신고를 한 자'만이 하우스막걸리를 제조·판매할 수 있다.

'식품위생법에 따른 식품접객업자'는 식품위생법 시행령 제21조 제8호에 나열되어 있는데, 그 중에서 음주행위가 허용되는 '일반음식점, 단란주점, 유흥주점'이 여기에 해당한다. 이 중 단란주점과 유흥주점은 허가사항이고, 일반음식점은 신고사항이다.

주세법 시행령 [별표 3]
비고: "소규모주류제조자"란 「식품위생법」에 따른 식품접객업 영업허가를 받거나 영업신고를 한 자로서 그 영업허가를 받거나 영업신고를 한

장소에서 탁주, 약주, 청주 또는 맥주를 제조하여 이를 다음 각 호의 어느 하나에 해당하는 방법으로 판매할 수 있는 자를 말한다.
1. 병입(甁入)한 주류를 제조장에서 최종소비자에게 판매하는 방법
2. 영업장(해당 제조자가 직접 운영하는 다른 장소의 영업장을 포함한다) 안에서 마시는 고객에게 판매하는 방법
3. 해당 제조자 외에 「식품위생법」에 따른 식품접객업 영업허가를 받거나 영업신고를 한 자의 영업장에 판매(제9조제2항제1호 또는 제2호에 해당하는 자를 통하여 판매하는 것을 포함한다)하는 방법

식품위생법 시행령
제21조(영업의 종류) 법 제36조제2항에 따른 영업의 세부 종류와 그 범위는 다음 각 호와 같다.
8. 식품접객업
    가. 휴게음식점영업: 주로 다류(茶類), 아이스크림류 등을 조리·판매하거나 패스트푸드점, 분식점 형태의 영업 등 음식류를 조리·판매하는 영업으로서 음주행위가 허용되지 아니하는 영업
    나. 일반음식점영업: 음식류를 조리·판매하는 영업으로서 식사와 함께 부수적으로 음주행위가 허용되는 영업
    다. 단란주점영업: 주로 주류를 조리·판매하는 영업으로서 손님이 노래를 부르는 행위가 허용되는 영업
    라. 유흥주점영업: 주로 주류를 조리·판매하는 영업으로서 유흥종사자를 두거나 유흥시설을 설치할 수 있고 손님이 노래를 부르거나 춤을 추는 행위가 허용되는 영업
    마. 위탁급식영업: 집단급식소를 설치·운영하는 자와의 계약에 따라 그 집단급식소에서 음식류를 조리하여 제공하는 영업
    바. 제과점영업: 주로 빵, 떡, 과자 등을 제조·판매하는 영업으로서 음주행위가 허용되지 아니하는 영업
제23조(허가를 받아야 하는 영업 및 허가관청) 법 제37조제1항 전단에 따라 허가를 받아야 하는 영업 및 해당 허가관청은 다음 각 호와 같다.
2. 제21조제8호다목의 단란주점영업과 같은 호 라목의 유흥주점영업: 특별자치도지사 또는 시장·군수·구청장

제25조(영업신고를 하여야 하는 업종) ① 법 제37조제4항 전단에 따라 특별자치도지사 또는 시장·군수·구청장에게 신고를 하여야 하는 영업은 다음 각 호와 같다.
8. 제21조제8호가목의 휴게음식점영업, 같은 호 나목의 일반음식점영업, 같은 호 마목의 위탁급식영업 및 같은 호 바목의 제과점영업

3. 어디에서 만들 수 있는가?

하우스막걸리는 식품접객업자가 '영업허가를 받거나 영업신고를 한 장소'에서만 만들 수 있다. 즉 음식점, 단란주점, 유흥주점에서만 하우스막걸리를 제조할 수 있는 것이다. 별도의 제조공장에서 하우스막걸리를 만들어 영업장에 공급할 수 있는 것이 아니다.

4. 어떤 술을 만들 수 있는가?

(1) 술의 종류

법률상 '술'이란 알코올분 1도 이상의 음료를 말한다. 그리고 술은 제조방법에 따라 크게 발효주, 증류주, 혼양주로 나뉜다. 발효주는 곡류나 서류 등의 전분질이나 과실을 효모로 발효시켜 만든 술로서, 우리나라의 탁주와 약주·청주, 그리고 맥주와 와인이 여

기에 해당한다.

　증류주는 발효주에 열을 가해 증류하여 만든 술로서, 우리의 소주(증류식 소주, 희석식 소주)와 외국의 위스키, 브랜디, 럼, 진, 데킬라, 보드카와 중국의 백주(고량주)가 여기에 해당한다. 혼양주는 발효주와 증류주를 혼합하여 만든 술이다. 포트와인 등의 알코올강화와인이 여기에 해당한다.

주세법
제3조(정의) 이 법에서 사용하는 용어의 뜻은 다음과 같다.
1. "주류"란 다음 각 목의 것을 말한다.
　　가. <u>주정</u>[희석하여 음료로 할 수 있는 에틸알코올을 말하며, 불순물이 포함되어 있어서 직접 음료로 할 수는 없으나 정제하면 음료로 할 수 있는 조주정을 포함한다.]
　　나. <u>알코올분 1도 이상의 음료</u>[용해하여 음료로 할 수 있는 가루 상태인 것을 포함하되, 「약사법」에 따른 의약품으로서 알코올분이 6도 미만인 것과 국세청장이 제5조의2에 따른 주류판정심의위원회의 심의를 거쳐 주류가 아닌 것으로 결정한 것은 제외한다.]
제4조(주류의 종류) ① 주류의 종류는 다음과 같다.
1. 주정
2. 발효주류
　　가. 탁주
　　나. 약주
　　다. 청주
　　라. 맥주
　　마. 과실주
3. 증류주류
　　가. 소주
　　나. 위스키
　　다. 브랜디

라. 일반 증류주
　　마. 리큐르
  4. 기타 주류

(2) 전통주와 하우스막걸리

　'전통주'라고 하면 예로부터 내려온 술, 전통 방식으로 빚은 술이라고 정의내릴 수 있다. 그런데 우리가 흔히 전통주라고 생각하는 탁주, 약주, 증류식 소주가 법률상 모두 전통주에 해당되지 않는다. 그리고 탁주, 약주, 증류식 소주가 아니라고 해도 법률상 전통주에 포함되는 경우가 있다.

　법률상 '전통주'란 무형문화재나 식품명인이 제조한 '민속주'와 농어업경영체 및 생산자단체가 제조한 '지역특산주'만을 말한다. '지역특산주'는 농어업경영체(농어업인, 농어업법인) 및 생산자단체(농협, 수협 등)가 관할 시·군·구 및 인접 시·군·구에서 생산한 농산물(모든 농산물이 여기에 해당)을 주원료로 하고, 지방자치단체장으로부터 추천을 받아 제조한 술을 말한다. 따라서 탁주, 약주, 증류식 소주라고 해도 수입산 쌀을 사용하거나 지방자치단체장으로부터 추천을 받지 못하면 전통주에 해당되지 않는다. 그리고 서양의 맥주나 와인, 브랜디, 위스키 등도 그 원료가 우리나라에서 재배되는 것이면 전통주가 될 수 있다.

　그런데 전통주로 지정되면 '전통주 등의 산업진흥에 관한 법률'에 따라 국가로부터 각종 지원과 혜택을 받게 된다. 첫째, 주류제조면허요건이 완화되고, 둘째, 주세 50%의 감경 혜택을 받고, 셋째, 도매업자, 소매업자, 일반 소비자 등 판매대상에 제한이 없다. 넷째, 인터넷 등의 통신판매가 가능하다.

하우스막걸리의 대상주류가 탁주, 약주, 청주라고 해도, 하우스막걸리가 법률상 '전통주'가 되는 것은 아니다. 당연히 전통주로서의 혜택도 받을 수 없다. 다만 하우스막걸리를 법제화하여 별도의 혜택을 부여하고자 하는 것이 이번에 공포된 주세법시행령인 것이다. 하우스막걸리는 주류제조면허요건이 완화되는 정도의 혜택을 받는다고 볼 수 있다.

전통주 등의 산업진흥에 관한 법률
제2조(정의) 이 법에서 사용하는 용어의 뜻은 다음과 같다.
2. "전통주"란 다음 각 목에 해당하는 술을 말한다.
   가. 「무형문화재 보전 및 진흥에 관한 법률」에 따라 지정된 주류부문의 국가무형문화재와 시·도무형문화재의 보유자가 「주세법」 제6조에 따라 면허를 받아 제조한 술
   나. 「식품산업진흥법」에 따라 지정된 주류부문의 식품명인이 「주세법」 제6조에 따라 면허를 받아 제조한 술
   다. 「농업·농촌 및 식품산업 기본법」 제3조에 따른 농업경영체 및 생산자단체와 「수산업·어촌 발전 기본법」 제3조에 따른 어업경영체 및 생산자단체가 직접 생산하거나 제조장 소재지 관할 특별자치시·특별자치도·시·군·구(자치구를 말한다. 이하 같다) 및 그 인접 특별자치시·시·군·구에서 생산한 농산물을 주원료로 제조한 술로서 제8조에 따라 특별시장·광역시장·특별자치시장·도지사·특별자치도지사(이하 "시·도지사"라 한다)의 제조면허 추천을 받아 「주세법」 제6조에 따라 면허를 받아 제조한 술(이하 "지역특산주"라 한다)
3. "전통주 등"이란 다음 각 목에 해당하는 술을 말한다.

가. 전통주
나. 예로부터 전승되어 오는 원리를 계승·발전시켜 진흥이 필요하다고 인정하여 <u>농림축산식품부장관이 정한 술</u>

(3) 하우스막걸리의 대상주류

주세법 시행령 [별표 3]
비고: "소규모주류제조자"란 「식품위생법」에 따른 식품접객업 영업허가를 받거나 영업신고를 한 자로서 그 영업허가를 받거나 영업신고를 한 장소에서 탁주, 약주, 청주 또는 맥주를 제조하여 이를 다음 각 호의 어느 하나에 해당하는 방법으로 판매할 수 있는 자를 말한다.

하우스막걸리 제조자는 앞에서 살펴본 술의 종류 중에서 발효주에 해당하는 탁주, 약주, 청주만을 만들어 팔 수 있다.

우선 막걸리와 탁주에 대해서 알아보자. 우리가 막걸리라고 말하는 것은 여기의 탁주를 말한다. '막걸리'의 법률용어가 '탁주'인 것이다. '막걸리'에서 '막'이란 의미가 '대충'이라는 뜻도 있고, '지금 막'이라는 뜻도 담고 있다. 그런데 쌀로 밥해 먹기도 어려웠던 그 옛날에 쌀로 빚은 술을 대충 빚어 먹었을 리 만무하다. 정성을 들여 빚었을 것이다. 아마 '막걸리'라는 용어는 당시 사대부 양반들이 서민들의 술을 '막걸리'로 비하한 데서 나온 듯하다.

당시 양반들은 쌀을 주원료로 해서 고급주인 맑은 술 '청주'를 만들어 먹었고, 서민들은 쌀에 잡곡을 섞거나 잡곡만으로 술을 빚고, 많은 사람들이 먹을 수 있도록 그 술에 물을 탔던 것이다. 결과적으로 양반들의 '청주'보다는 품질이 많이 떨어졌을 것으로 생각

된다. 여기에서 '대충 걸렀다'는 의미의 '막걸리'가 나온 듯하다.

'막걸리'는 발효가 끝난 술덧에 물을 타거나 청주를 뜨고 난 나머지 술덧에 물을 타거나 해서 만드는데, 그렇다면 '막걸리'는 물 탄 탁주라고 보면 된다. 탁주는 탁하기만 하면 되므로, 탁주에는 '물을 탄 탁주(막걸리)'와 '물을 타지 않은 탁주'가 있는 셈이다. 그런데 오늘날에는 물을 타지 않은 높은 도수의 탁주도 '막걸리'라는 이름으로 시판되고 있으므로, '막걸리=탁주'라고 해도 틀린 말은 아니다.

다음에 탁주와 약주를 비교하면, 둘 다 전분질 원료(쌀 등의 곡류와 감자 등의 서류)와 누룩, 물을 섞어 발효시킨다는 점에서는 동일하다. 그런데 탁주는 여과하지 않고 혼탁하게 제성한 술이고, 약주는 여과하여 제성한 술이라는 점에서 다르다. 약주는 여과한 '맑은 술'이고, 그 맑음 정도는 탁도가 미탁(18E.B.C) 이하이어야 한다. '미탁 이하'라 함은 쉽게 말해 투명한 병에 술을 담았을 때 맞은편에 있는 글씨가 보일 정도면 된다.

약주와 청주를 비교하면, 둘 다 여과하여 제성한 '맑은 술'이라는 점에서는 동일하다. 그런데 약주의 경우 모든 전분질이 술의 원료가 되는 데에 반해, 청주는 곡류 중 쌀(찹쌀을 포함)만이 원료가 된다. 그렇다면 쌀만을 원료로 하여 빚은 술은 약주도 될 수 있고, 청주도 될 수 있는데, 어떻게 구분하는가? 첨가하는 누룩 양이 쌀 중량의 100분의 1 이상이면 약주이고, 그 미만이면 청주이다.

대개 일본식 누룩을 쓰는 경우, 주정을 섞거나 배양된 효모를 사용하기 때문에 적은 양의 누룩만으로도 발효가 잘 되고, 그 결과 투입되는 누룩의 양이 상대적으로 적다. 이에 비해 우리 전통주는 자연에서 접종시킨 누룩을 사용해서 발효력이 상대적으로 약해 비교적 많은 양의 누룩을 첨가해야 한다. 따라서 청주는 주로 일본식의 맑은 술을 말하고, 약주는 우리 전통의 맑은 술을 일컫는다.

주세법에는 청주와 약주가 구분되어 있지만, 굳이 이를 구분할 필요가 있는지 의심스럽다. 청주는 '개념상' 용어이고, 약주는 '기능상' 용어이다. 흐린 술 '탁주'의 반대개념은 당연히 맑은 술 '청주'이므로, 약주라는 용어를 없애고 청주로 통일시킬 필요가 있다. 사케류의 일본식 맑은 술을 위해 청주와 약주를 구분할 필요가 없는 것이다. 이는 일제강점기 때 만들어진 주세법이 아직도 개정되고 있지 않기 때문이다. 약주라는 용어가 '몸에 좋은 술'이라는 긍정적인 내용을 담고 있기도 하지만, '약재를 넣어 만든 술'이라는 의미도 담고 있다. 오늘날에는 약재를 넣은 술을 선호하지 않는다.

우리 술에는 과하주(過夏酒)라는 술이 있다. 과하주는 '여름을 지내는 술'로 알코올 도수가 약주보다 높아 여름에 먹을 수 있는 술을 말한다. 과하주는 발효주를 발효하는 과정에 증류주를 넣어 알코올 도수를 높인 혼양주이다. 포르투갈의 포트와인과 같이 알코올강화 발효주인 것이다.

과하주는 알코올 도수가 높아 상온에서도 변질되지 않는다. 또한 발효 중에 증류주를 혼합하여 소주의 독한 맛이 사라지고, 발효주의 부드러운 맛이 난다. 그리고 증류주의 향과 발효주의 곡

향이 결합하여 과실이나 꽃향과 같은 새로운 향이 만들어진다.

현행 주세법상 과하주는 약주의 일종이다. 주세법 별표 제2호 나목 5)에서 '약주의 발효·제성과정에 대통령령으로 정하는 주류를 혼합하여 제성한 것'도 약주에 포함시키고 있다. 여기서 '대통령령으로 정하는 주류'는 주정과 증류식 소주를 말한다. 즉 약주 발효중에 주정이나 증류식 소주를 혼합하는 것도 약주에 포함되는 것이다. 다만 증류식 소주를 혼합할 경우 혼합하는 증류식 소주의 알코올분 양은 혼합된 후 해당 주류의 알코올분 총량의 20% 이하이어야 한다. 또한 과하주의 알코올 도수는 25도 미만이어야 한다.

참고로 소주에 대해서 살펴보면, 소주에는 증류식 소주와 희석식 소주가 있다. 증류식 소주는 탁주와 약주 등의 발효주를 연속식증류 외의 방법으로 증류한 것으로 우리의 전통소주를 말한다. 희석식 소주는 주정에 물과 조미료를 타서 희석한 것인데, '주정'이란 발효주를 연속식증류의 방법으로 증류하여 알코올 85도 이상으로 만든 술을 말한다.

증류주의 원리는 "알코올이 물보다 빨리 증발한다"는 데에 있다. 100%의 에틸알코올은 1기압 하에서 75.5℃(기화점)에서 증류한다. 알코올이 물보다 빨리 증발하기 때문에 발효주보다 알코올 도수가 높은 소주가 만들어지는 것이다. 이때 기화된 알코올을 냉각시키면 액화상태의 소주가 된다.

[별표] 주류의 종류별 세부 내용(주세법 제4조제2항 관련)
1. 주정
　가. 녹말 또는 당분이 포함된 재료를 발효시켜 알코올분 85도 이상으로 증류한 것
　나. 알코올분이 포함된 재료를 알코올분 85도 이상으로 증류한 것
2. 발효주류
　가. 탁주
　　1) <u>녹말이 포함된 재료</u>(발아시킨 곡류는 제외한다)와 국(麴) 및 물을 원료로 하여 발효시킨 술덧을 <u>여과하지 아니하고 혼탁하게 제성</u>한 것
　　2) 1)에 따른 주류의 원료에 당분을 첨가하여 발효시킨 술덧을 여과하지 아니하고 혼탁하게 제성한 것
　　3) 1) 또는 2)에 따른 주류의 원료에 과실·채소류를 첨가하여 발효시킨 술덧을 여과하지 아니하고 혼탁하게 제성한 것
　　4) 1)부터 3)까지의 규정에 따른 주류의 발효·제성 과정에 대통령령으로 정하는 재료를 첨가한 것
　나. 약주
　　1) <u>녹말이 포함된 재료</u>(발아시킨 곡류는 제외한다)와 국(麴) 및 물을 원료로 하여 발효시킨 술덧을 <u>여과하여 제성</u>한 것
　　2) 1)에 따른 주류의 원료에 <u>당분을 첨가</u>하여 발효시킨 술덧을 여과하여 제성한 것
　　3) 1) 또는 2)에 따른 주류의 원료에 <u>과실·채소류를 첨가</u>하여 발효시킨 술덧을 여과하여 제성한 것
　　4) 1)부터 3)까지의 규정에 따른 주류의 발효·제성 과정에 대통령령으로 정하는 재료를 첨가한 것
　　5) 1)부터 4)까지의 규정에 따른 주류의 <u>발효·제성 과정에 대통령령으로 정하는 주류를 혼합</u>하여 제성한 것으로서 <u>알코올분 도수가 대통령령으로 정하는 도수 범위 내인 것</u>
　다. 청주
　　1) <u>곡류 중 쌀(찹쌀을 포함한다)</u>, 국(麴) 및 물을 원료로 하여 발효시킨 술덧을 여과하여 제성한 것 또는 그 발효·제성과정에 대통령

령으로 정하는 재료를 첨가한 것
라. 맥주
마. 과실주
1) 과실(과실즙과 건조시킨 과실을 포함한다. 이하 같다) 또는 과실과 물을 원료로 하여 발효시킨 술덧을 여과하여 제성하거나 나무통에 넣어 저장한 것
2) 과실을 주된 원료로 하여 당분과 물을 혼합하여 발효시킨 술덧을 여과하여 제성하거나 나무통에 넣어 저장한 것
3. 증류주류
가. 소주(불휘발분이 2도 미만이어야 한다)
1) 녹말이 포함된 재료, 국(麴)과 물을 원료로 하여 발효시켜 연속식 증류 외의 방법으로 증류한 것. 다만, 발아시킨 곡류(대통령령으로 정하는 것은 제외한다)를 원료의 전부 또는 일부로 한 것, 곡류에 물을 뿌려 섞어 밀봉·발효시켜 증류한 것 또는 자작나무숯(다른 재료를 혼합한 숯을 포함한다. 이하 같다)으로 여과한 것은 제외한다.
2) 1)에 따른 주류의 발효·제성과정에 대통령령으로 정하는 재료를 첨가한 것
3) 1) 또는 2)에 따른 주류에 대통령령으로 정하는 바에 따라 주정 또는 대통령령으로 정하는 곡물주정(이하 "곡물주정"이라 한다)을 혼합한 것
4) 1)부터 3)까지의 규정에 따른 주류를 나무통에 넣어 저장한 것
5) 주정 또는 곡물주정을 물로 희석한 것
6) 주정과 곡물주정을 혼합한 것을 물로 희석한 것
7) 5) 또는 6)에 따른 주류에 대통령령으로 정하는 재료를 첨가한 것
8) 5)부터 7)까지의 규정에 따른 주류에 대통령령으로 정하는 바에 따라 1) 또는 4)에 따른 주류를 혼합한 것
9) 5)부터 8)까지의 규정에 따른 주류를 나무통에 넣어 저장한 것
나. 위스키(불휘발분이 2도 미만이어야 한다)
1) 발아된 곡류와 물을 원료로 하여 발효시킨 술덧을 증류해서 나무통에 넣어 저장한 것

다. 브랜디(불휘발분이 2도 미만이어야 한다)
　1) 제4조제1항제2호마목에 따른 주류를(과실주지게미를 포함한다) 증류하여 나무통에 넣어 저장한 것
라. 일반증류주(불휘발분이 2도 미만이어야 한다)
　다음 중 어느 하나에 규정된 것으로서 제1호 또는 제3호가목부터 다목까지의 규정에 따른 주류 외의 것.
마. 리큐르
　제4조제3호라목에 따른 주류로서 불휘발분이 2도 이상인 것
4. 기타 주류
　가. 용해하여 알코올분 1도 이상의 음료로 할 수 있는 가루상태인 것
　나. 발효에 의하여 제성한 주류로서 제2호에 따른 주류 외의 것
　다. 쌀 및 입국에 주정을 첨가해서 여과한 것 또는 이에 대통령령으로 정하는 재료를 첨가하여 여과한 것
　라. 발효에 의하여 만든 주류와 제1호 또는 제3호에 따른 주류를 섞은 것으로서 제2호에 따른 주류 외의 것
　마. 그밖에 제1호부터 제3호까지 및 제4호가목부터 라목까지의 규정에 따른 주류 외의 것

주세법시행령

제3조(주류원료의 사용량·여과방법등) ① 주류제조에 있어서 원료의 사용량 및 여과방법등은 다음 각 호와 같다.
1. 탁주 제조의 경우 녹말재료의 중량은 녹말재료와 당분(첨가재료로 사용한 당분을 포함한다. 이하 이 호 및 제2호나목에서 같다) 및 과실·채소류(첨가재료로 사용한 과실·채소류를 포함한다. 이하 이 호 및 제2호나목에서 같다)의 합계중량을 기준으로 하여 100분의 50 이상 사용하여야 하고, 과실·채소류의 중량은 녹말재료와 당분 및 과실·채소류의 합계중량을 기준으로 하여 100분의 20을 초과하지 아니하여야 한다.
2. 약주 제조의 경우 여과방법 및 원료의 사용량은 다음 각 목과 같다.
　가. 여과방법
　　「식품위생법」 제14조에 따른 식품·첨가물 공전(公典) 상 미탁(微濁) 이하로 맑게 여과하여야 한다. 다만, 법 제3조제1호의2가목 및

나목에 따른 주류는 국세청장이 정하는 바에 따라 미탁 이상으로 할 수 있다.

나. 원료의 사용량

1) 녹말재료의 중량은 녹말재료와 당분 및 과실·채소류의 합계중량을 기준으로 하여 100분의 50 이상 사용하여야 하며, <u>과실·채소류의 중량</u>은 녹말재료와 당분 및 과실·채소류의 합계중량을 기준으로 <u>100분의 20</u>을 초과하지 아니하여야 한다.

2) 약주의 원료인 곡류에 쌀(찹쌀을 포함한다. 이하 같다) 외의 다른 곡류가 포함되지 아니한 경우에는 <u>녹말재료의 중량을 기준으로 하여 누룩을 100분의 1 이상 사용하여야 한다.</u>

3) 발효 및 제성과정에 주정 또는 법 별표 제3호 가목1)부터 4)까지의 규정에 따른 주류를 혼합하는 경우 혼합하는 주류의 알코올분 양은 혼합된 후 해당 주류의 알코올분 총량의 100분의 20 이하이어야 한다.

3. 청주의 제조에 있어서 쌀의 합계중량을 기준으로 하여 <u>누룩을 100분의 1미만 사용하여야 한다.</u> 청주의 발효·제성과정에 주정을 혼합하는 경우에 주정의 양은 알코올분 30도로 희석한 주정을 기준으로 하여 술덧에 사용한 원료용 쌀 1킬로그램당 2.4리터 이하로 한다.

주세사무처리규정

제41조(약주의 혼탁도 범위) 약주는 「주세법 시행령」 제3조에서 규정하는 식품첨가물공전상 "<u>미탁</u>" 이하(<u>유럽 주류규정단위(E.B.C단위) 18이하</u>)로 여과 하여야 한다. 다만, 「주세법시행령」 제9조제2항제2호다목 및 라목에 따른 주류는 유럽 주류규정단위(E.B.C단위) 50 이하로 여과할 수 있다.

5. 누구한테 어떻게 팔 수 있는가?

(1) 일반주류의 경우

탁주, 약주, 청주, 민속주, 지역특산주를 제외한 일반주류는 종합주류도매업자, 슈퍼연쇄점, 농·수·신협, 유흥음식업자, 공무원연금매점에 판매할 수 있다. 최종소비자에게는 예외적인 경우(국가나 지방자치단체가 직접 소비하는 경우, 기증하는 경우, 공장견학자)를 제외하고는 판매할 수 없다.

(2) 탁주, 약주, 청주, 민속주, 지역특산주의 경우

탁주, 약주, 청주, 민속주, 지역특산주의 경우는 특정주류도매업자, 종합주류도매업자, 주류중개업자, 유흥음식업자, 주류소매업자, 의제판매업자(식료잡화점, 일용잡화점 등) 및 실수요자(최종 소비자)에게 판매할 수 있다. 또한 법률상 '전통주'에 해당하는 민속주와 지역특산주에 한해 통신판매가 가능하다.

주세사무처리규정
제67조(주류제조자의 주류판매) ① 탁주, 약주, 청주, 농민·생산자단체주류, 민속주, 주정 및 조미용주류(「주세법」 제4조제2항 별표 제4호 다목에서 규정하는 불휘발성 30도 이상의 것, 이하 같다.)를 제외한 주류제조자가 주류를 판매하는 때에는 다음 각 호의 구분에 따라 용도별로 판매하도록 하여야 한다.
1. 종합주류도매업자 : 가정용·대형매장용·유흥음식점용 주류

2. 슈퍼연쇄점 본(지)부, 농·수·신협본(지)부 등 주류중개업업자 : 가정용·대형매장용 주류
3. 유흥음식업자 : 유흥음식점용 주류
4. 공무원연금매점 : 가정용·대형매장용 주류
5. 「주세법」에 따라 면세주류를 취급할 수 있는 자 : 주세면세용 주류
③ 탁주, 약주, 청주, 민속주, 지역특산주 및 조미용주류 제조자는 국세청장으로부터 전통주 판매 승인을 받은 희석식소주·맥주제조자, 특정주류도매업자, 종합주류도매업자, 주류중개업자, 유흥음식업자, 주류소매업자, 의제판매업자 및 실수요자에게 주류를 판매하도록 하여야 한다. 다만, 일반탁주는 종합주류도매업자 및 주류중개업자에게 판매하지 않도록 하여야 한다.
제74조(주류의 통신판매) ① 주류의 통신판매는 다음 각 호의 주류에 한한다.
1. 민속주
2. 농어업경영체 또는 생산자단체가 제조하는 주류

주세법
제17조(직매장 설치 허가) ① 주류 제조면허를 받은 자는 주류의 원거리(遠距離) 공급을 원활하게 하기 위하여 관할 세무서장의 허가를 받아 직매장을 설치할 수 있다.

주세법 시행령
제17조(직매장의 시설기준등) ① 법 제17조제2항에 따른 직매장의 시설기준은 다음 각 호와 같다.
1. 대지 200제곱미터 이상
2. 창고 100제곱미터 이상
② 제1항에도 불구하고 탁주, 약주 및 전통주의 주류제조자와 소규모주류제조자 중 청주 및 맥주를 제조하는 자에 대해서는 제1항에 따른 직매장 시설기준을 적용하지 아니한다.

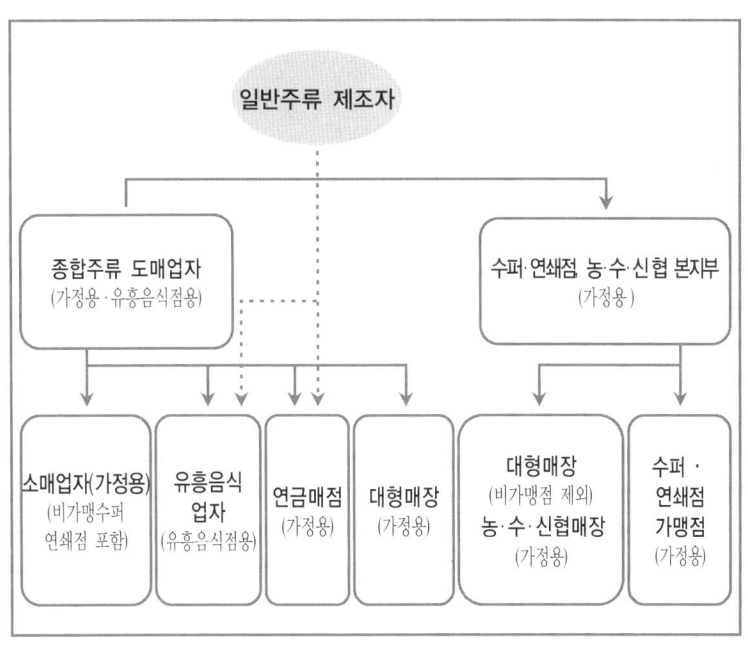

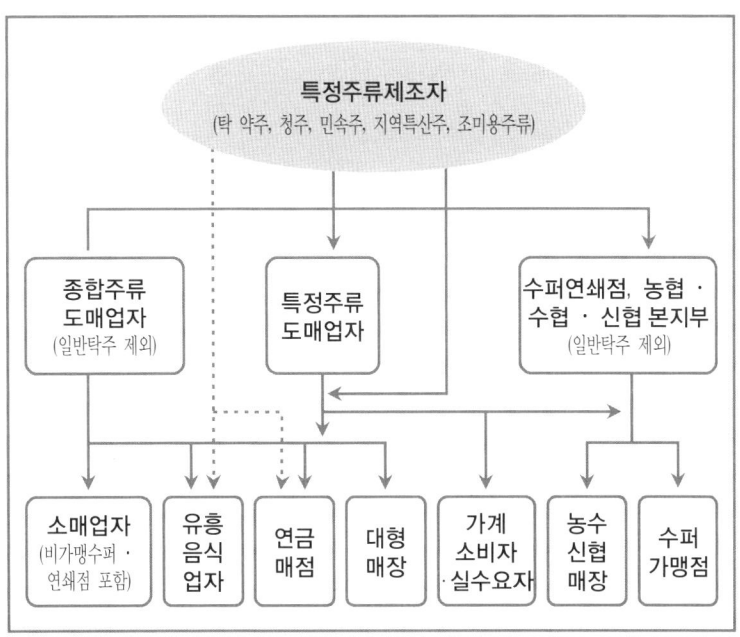

(3) 하우스막걸리의 경우

하우스막걸리는 실수요자인 최종소비자와 다른 식품접객업자에게 판매할 수 있다. 다른 식품접객업자에게는 직접 판매하거나 또는 주류도매업자를 통해 판매할 수 있다. 그러나 주류소매업자, 의제판매업자에게는 판매할 수 없으며, 통신판매도 허용되지 않는다.

첫째, 하우스막걸리를 최종소비자에게 판매하는 경우, ① 제조장이 위치한 영업장에서는 영업장 안에서 마시는 고객에게 판매하거나 병입하여 외부로 반출해 판매할 수 있다. ② 해당 제조자가 직접 운영하는 다른 장소의 영업장에서는 영업장 안에서 마시는 고객에게만 판매할 수 있다.

둘째, 하우스막걸리는 다른 식품접객업자의 영업장에 판매할 수 있는데, 이 경우 종합주류도매업자나 특정주류도매업자를 통해서도 판매가 가능하다.

셋째, 하우스막걸리는 직매장을 통해서도 판매할 수 있다. 다만 탁주와 약주의 경우에는 대지 200㎡ 이상, 창고 100㎡ 이상의 직매장 시설기준을 지켜야 한다. 그러나 청주는 이런 시설기준의 제한이 없다.

> **주세법 시행령 [별표 3]**
> 비고: "소규모주류제조자"란 「식품위생법」에 따른 식품접객업 영업허가를 받거나 영업신고를 한 자로서 그 영업허가를 받거나 영업신고를 한 장소에서 탁주, 약주, 청주 또는 맥주를 제조하여 이를 다음 각 호의 어느 하나에 해당하는 방법으로 판매할 수 있는 자를 말한다.

1. 병입한 주류를 제조장에서 최종소비자에게 판매하는 방법
2. 영업장(해당 제조자가 직접 운영하는 다른 장소의 영업장을 포함한다) 안에서 마시는 고객에게 판매하는 방법
3. 해당 제조자 외에 「식품위생법」에 따른 식품접객업 영업허가를 받거나 영업신고를 한 자의 영업장에 판매(제9조제2항제1호 또는 제2호에 해당하는 자를 통하여 판매하는 것을 포함한다)하는 방법

소규모주류제조자에 대한 명령위임 고시
제7조 (주류의 판매방법) ② 소규모주류 제조자는 직접 제조한 주류를 다음 각 호의 방법으로 판매할 수 있다. 이 경우 주류의 병입 및 출고사항은 장부에 구분하여 기재하여야 하며, 제1호의 방법으로 판매하는 주류는 주류의 상표사용에 관한 명령위임 고시(국세청 고시)제8조(주류의 용도구분 표시 및 방법)에 불구하고 용도구분 표시를 생략할 수 있다.
1. 병입한 주류를 제조장에서 최종소비자에게 판매하는 방법
2. 「식품위생법」에 따른 식품접객업 영업허가를 받거나 영업신고를 한 영업장(「주세법」제8조제4항제1호에 따라 면허받은 판매장소. 이하 같다)안에서 마시는 고객에게 판매하는 방법
3. 주류도매업자나 해당 제조자가 직접 운영하는 다른 장소의 영업장 또는 다른 사업자(「식품위생법」에 따른 식품접객업 영업허가를 받거나 영업신고를 한 자를 말한다)의 영업장에 판매하는 방법

(4) 하우스막걸리의 용기용량

하우스막걸리는 앞에서 본 바와 같이 영업장 안에서 마시는 고객에게 병입하여 외부로 반출해 판매할 수 있는데, 이때 용기의 용량이 문제된다. 주세사무처리규정에 따르면 탁주와 약주의 용기용량은 2ℓ 이하를 원칙으로 하되, 납세증명표지를 붙일 경우에는 용량에 제한이 없다. 말통 판매도 가능한 것이다.

주세사무처리규정

제45조(주류운반 및 판매용 용기) ② 탁주, 약주의 판매용기는 2ℓ 이하의 것을 사용하도록 하되, 수출하는 주류 및 납세증명표지를 첩부하는 탁주, 약주는 예외로 한다. 다만, 10ℓ 이상의 용기는 실수요자의 주소지 또는 사업장 관할세무서장으로부터 실수요자증명(별지 제61호 서식)을 받은 길흉사 관련인 및 농어민 등에게 공급하는 경우에만 사용할 수 있도록 하여야 한다.
④ 유리병 및 금속제 용기를 제외한 용기는 재사용하지 아니하도록 하여야 한다. 다만, 길흉사 및 농·어민 등 실수요자용으로 제작한 10ℓ 이상의 탁·약주 용기는 예외로 한다.

6. 어떤 요건을 갖추어야 하는가?

(1) 법정요건

(가) 시설 및 장비 요건

앞에서도 언급했듯이 일반 탁주, 약주, 청주를 제조하기 위해서는 총 5㎘ 이상의 발효 및 제성 용기가 필요하고, 지역특산주로서의 탁주, 약주, 청주를 제조하기 위해서는 10㎡(약 3평) 이상의 공간만 있으면 된다.

하우스막걸리는 1㎘ 이상 5㎘ 미만의 용기(발효조 및 제성조 포함)가 있어야 한다. 발효조 및 제성조의 총용량 1㎘를 충족하기 위해서는 예컨대 60ℓ 짜리 항아리 17개가 있어야 한다. 대략 3평 정도

만 되면 60ℓ 짜리 항아리 17개가 들어갈 충분한 공간이 된다. 그리고 주정계 1대와 유량계 1조를 갖추어야 한다.

또한 양조공간이 주방과 완전히 구획되어 있어야 하고, 판매장소인 홀과도 명백하게 구분되어야 한다. 그리고 충분한 조명·환기 및 방충시설, 냉장보관시설을 갖추어야 한다. 주류를 외부로 반출하여 판매할 경우에는 용기주입시설 및 세척시설, 냉장유통시설을 갖추어야 한다.

[별표 3] 주류제조장의 시설기준(주세법 시행령 제5조제1항 관련)

1. 일반적 시설기준

주류별	시설구분	시설기준
나. 탁주 및 약주	1) 담금·저장·제성용기 　가) 담금(발효)조 총용량 　나) 제성조 총용량 2) 시험시설 　가) 간이증류기 　나) 주정계	3㎘ 이상 2㎘ 이상 1대 0.2도 눈금 0~30도 1조

2. 법 제3조제1호의2다목에 해당하는 주류(지역특산주)의 제조장 시설기준

주류별	시설구분	시설기준
가. 탁주·약주 및 청주	1) 건물 　가) 담금실 2) 시험시설 　가) 간이증류기 　나) 주정계	10㎡ 이상 1대 0.2도 눈금 0~30도 1조

3. 법 제3조제1호의2가목 또는 나목에 해당하는 주류(민속주)의 제조장 시설기준

시설구분	시설기준
1) 건물 　가) 담금실(밑술실·제성실·저장실 포함) 2) 부대시설 　가) 세척 또는 세병장 시설 　나) 병입 또는 타전 시설 3) 시험시설 　가) 온도계 　나) 주정계 　다) 간이증류기	10㎡ 이상 0.2℃ 눈금 1개 0.2도 눈금 0~100도 1조 1대

4. 소규모주류제조자가 제조하는 주류의 제조장 시설기준

주류별	시설구분	시설기준
가. 탁주·약주 및 청주	1) 담금·제성·저장용기: 담금(발효)조·제성조 총용량(청주의 경우 저장 및 검정조를 포함한다) 2) 시험시설 　가) 간이증류기 　나) 주정계 3) 그 밖의 시설: 유량계	1㎘ 이상 5㎘ 미만 1대 0.2도 눈금 0~30도 1조
나. 맥주	1) 담금·제성·저장용기 　가) 당화·여과·자비조 등의 총용량 　나) 담금 및 저장조 2) 시험시설 　가) 간이증류기 　나) 주정계 3) 그밖의 시설: 유량계	 0.5㎘ 이상 5㎘ 이상 75㎘ 미만 1대 0.2도 눈금 0~30도 1조

주세사무처리규정
제32조(제조장 시설기준) 주류제조장은 「주세법 시행령」 제5조의 규정에 따른 주류별 제조장 시설기준 이상의 제조시설과 다음 각 호의 시설을 갖추도록 하여야 한다.
1. 작업장은 독립건물이거나 완전히 구획되어서 위생에 영향을 미칠 수 있는 다른 목적의 시설과 구분되어야 하며, 충분한 조명·환기 및 방충시설을 갖추어야 한다.

소규모주류 제조자에 대한 명령위임 고시
제5조(주류제조장 시설) 주류제조장에는 다음 각 호의 시설을 갖추어야 한다.
1. 주류를 제조하는 작업장과 판매장소는 명백하게 구분되어야 한다.
2. 제조장에는 주류의 제조량을 파악하기 위하여 유량계기 또는 전자자동계수기(이하 "유량계기"라 한다)를 설치하여야 한다.
3. 유량계기는 「국가표준기본법」제14조에 따라 산업통상자원부장관의 지정을 받은 교정기관의 검정을 받아 적합하다고 인정된 것이어야 하며 유량계기의 고장 또는 파손에 대비하여 1개 이상의 예비 유량계기를 보유하여야 한다.
4. 유량계기가 고장 또는 파손되어 보수, 대체하고자 하는 때에는 사전에 관할세무서장의 승인을 받아야 하며 이의 제거 또는 장치는 국세공무원의 입회하에 실시하여야 한다.

제6조(주류의 외부반출) ② 소규모 탁주·약주·청주 제조자가 제조장에서 제조한 주류를 외부로 반출하여 판매할 경우에는 용기주입시설 및 세척시설과 냉장 유통·보관시설을 외부반출일 전까지 갖추어야 한다. 다만, 제1항제2호에 따를 경우에는 냉장 유통·보관시설을 갖추지 않을 수 있다.

제7조 (주류의 판매방법) ④ 소규모주류 제조자가 제조한 주류는 판매전까지 주류의 규격위반 등이 발생하지 않도록 냉장시설 등을 이용하여 보관하여야 하고, 비살균 소규모제조 탁주·약주·청주와 비살균 또는 여과하지 아니한 소규모맥주는 냉장유통시설(예 : 냉장차)을 이용하여 운반하여야 한다.

(나) 주류제조면허

하우스막걸리를 제조하려면 다른 주류와 마찬가지로 주류제조면허를 받아야 한다. 주류제조면허 없이 주류를 판매할 경우에는 형사처벌을 받거나 과태료부과의 대상이 된다.

조세범처벌법
제6조(무면허 주류의 제조 및 판매) 「주세법」에 따른 면허를 받지 아니하고 주류, 밑술·술덧을 제조(개인의 자가소비를 위한 제조는 제외한다)하거나 판매한 자는 3년 이하의 징역 또는 3천만 원(해당 주세 상당액의 3배의 금액이 3천만 원을 초과할 때에는 그 주세 상당액의 3배의 금액) 이하의 벌금에 처한다. 이 경우 밑술과 술덧은 탁주로 본다.
제17조(명령사항위반 등에 대한 과태료 부과) 관할 세무서장은 다음 각 호의 어느 하나에 해당하는 자에게는 500만 원 이하의 과태료를 부과한다.
3. 「주세법」에 따른 납세증명표지가 붙어 있지 아니한 주류, 정부의 면허 없이 제조한 주류 또는 면세한 주류를 판매의 목적으로 소지하거나 판매한 자

(다) 주류제조면허의 효력

주류제조면허는 '주류의 종류별로' '주류 제조장마다' 면허를 받아야 한다. 첫째, 주류제조면허는 주류의 종류별로 받기 때문에 탁주, 약주, 청주별로 각각 면허를 받아야 한다. 그리고 예컨대 2가지의 탁주를 생산할 경우에는 2번째 탁주는 면허를 새로 받을 필요없이 '탁주제조방법신청서'에 추가신청하면 된다.

둘째, 주류제조면허는 '주류 제조장마다' 받기 때문에 당해 제조

장 이외의 다른 장소에는 면허의 효력이 미치지 않는다. 그리고 주류 제조장을 이전할 경우에는 전입지 관할 세무서에 신고만 하면 된다.

> **주세법**
> 제6조(주류 제조면허) ① 주류를 제조하려는 자는 제4조에 따른 주류의 종류별로 주류 제조장마다 대통령령으로 정하는 시설기준과 그 밖의 요건을 갖추어 관할 세무서장의 면허를 받아야 한다. 같은 주류 제조장에서 제조하는 주류를 추가하려는 경우에도 또한 같다.
> 제11조(제조장 및 판매장의 이전) 주류·밑술 또는 술덧의 제조면허나 주류 판매업면허를 받은 자가 그 제조장 또는 판매장을 이전하려는 경우에는 대통령령으로 정하는 바에 따라 전입지 관할 세무서장에게 신고하여야 한다.

(라) 주류제조면허의 절차 및 서류

① 주류제조면허 신청서 및 부속서류 제출

주류제조면허를 받으려면, 우선 제조장 소재지 관할세무서에 주류제조면허 신청서를 제출하여야 한다. 이때 부속서류도 함께 제출해야 하는데, 부속서류로는 ① 사업계획서, ② 제조장소재지의 국토이용계획확인원, ③ 제조장부지 및 건물(공장)의 자가소유를 증명하는 서류 또는 자가소유가 아닌 경우 임대차계약서 사본, ④ 제조장의 위치도, 평면도 및 제조시설배치도, ⑤ 제조시설 및 설비 등 설명서 및 용량표, ⑥ 제조공정도 및 제조방법 설명서, ⑦「식품위생법」에 따른 식품접객업 허가증 또는 신고증 사본 등이 있다.

주세법 시행령
제4조(주류제조의 면허) ① 법 제6조의 규정에 의하여 주류제조의 면허를 받고자 하는 자는 다음 각호의 사항을 기재한 신청서에 기획재정부령으로 정하는 서류를 첨부하여 <u>주류제조장 관할세무서장에게 제출</u>(국세정보통신망에 의한 제출을 포함한다)하여야 한다.
1. 신청인의 인적사항
2. 제조장의 위치
3. 제조할 주류의 종류 및 규격
4. 제조방법
5. 매 주조연도의 제조예정수량
6. 시험을 하거나 기획재정부령으로 정하는 축제 또는 경연대회에 사용하기 위하여 주류를 제조하고자 하는 자에 있어서는 그 사유

주세사무처리규정
제6조(신규제조면허) 주류를 제조하려는 자는 「주세법 시행령」 제4조제1항의 면허신청서에 부표 제1호에 열거하는 서류를 첨부하도록 하여야 한다.

〈부표 제1호〉 면허관계구비서류

번호	신고서	첨부서류명	비고

1. 제조 관련	제조면허 신청서	1. 민원인 제출서류
		가. 사업계획서
		나. 제조장소재지의 국토이용계획확인원
		다. 제조장부지 및 건물(공장)의 자가 소유를 증명하는 서류 또는 자가 소유가 아닌 경우 임대차계약서 사본
		라. 제조장의 위치도, 평면도 및 제조시설배치도
		마. 제조시설 및 설비 등 설명서 및 용량표
		바. 제조공정도 및 제조방법 설명서
		사. 기타
		  1) 신청자가 법인인 경우
		    ① 정관
		    ② 주주총회 또는 이사회 회의록
		    ③ 주주 및 임원명부
		    - 소유자 지분 및 직책 기재
		  2) 신청자가 개인인 경우
		    ① 공동사업의 경우
		    - 동업계약서
		아. 민속주, 지역특산주는 문화재청장 또는 농림수산식품부장관의 추천서 사본
		자. 「식품위생법」에 따른 식품접객업 허가증 또는 신고증사본(소규모주류제조자)
		
		2. 담당공무원 확인사항(민원인 제출 생략)
		가. 제조장소재지의 토지, 건물등기부등본
		나. 기타
		  1) 신청자가 법인인 경우
		    ① 법인등기부 등본
		    ② 임원의 주민등록 등·초본
		  2) 신청자가 개인인 경우
		    ① 주민등록등본 및 초본
			첨부서류에 관한사항은 다음 면허·신청에 준용한다.
			
			· 보충면허신청서
			· 공동면허신청서
			· 합병면허신청서
			· 제조장이전신청서
			· 용기주입제조장 설치 허가신청서

■ 주세법 시행규칙 [별지 제1호서식]

홈　택　스
(www.hometax.go.kr)에서도
신청할 수 있습니다.

주류제조면허신청서

※ 뒤쪽의 작성방법을 읽고 작성하여 주시기 바라며, [ ]에는 해당되는 곳에 √표를 합니다.　(앞쪽)

접수번호		접수일		발급일		처리기간	45일

❶ 신청인	성 명(대 표 자)		주민(법인)등록번호	
	상 호(법 인 명)		사업자등록번호	
	주 소(본점 소재지)		전화번호	
	제조장 소재지		전화번호(전자우편)	

❷ 신 청 내 용

신청구분	① 주 류	② 밑 술	③ 술 덧

제조할 주류의 종류와 규격	
제조방법	
매 주조연도 제조예정 수량	
시험제조 또는 축제·경연대회 목적	사 유	
	기 간	
	수 량	
밑술·술덧 제조목적	
영업개시연월일	
④ 종전면허연월일		⑤ 종전면허번호	

「주세법」 [ ] 제6조 [ ] 제7조 와 같은 법 시행령 [ ] 제4조 [ ] 제8조 에 따라 위와 같이 신청합니다.

년　월　일

신청인　　　　　　　(서명 또는 인)

세 무 서 장　귀하

| 첨부서류 | 1. 사업계획서
2. 제조시설·설비 등 설명서 및 용량표
3. 제조공정도 및 제조방법 설명서
4. 임대차계약서 사본(제조장을 임차하는 경우만 해당합니다)
5. 정관, 주주총회 또는 이사회 회의록, 주주 및 임원 명부(법인만 해당합니다)
6. 동업계약서 사본(공동사업만 해당합니다)
7. 문화재청장 또는 농림수산식품부장관의 추천서 사본(「주세법 시행령」 제9조제2항제2호나목부터 라목까지의 규정에 따른 주류를 제조하는 경우만 해당합니다)
8. 「식품위생법」에 따른 허가증 사본(「주세법 시행령」 별표 3 제4호에 따른 소규모맥주제조자인 경우만 해당합니다)
9. 「주세법 시행규칙」 제2조의2 각 호의 어느 하나에 해당하는 자가 주관하는 축제 또는 경연대회임을 확인할 수 있는 서류(해당 축제 또는 경연대회에 사용하기 위하여 주류를 제조하려는 경우만 해당합니다) | 수수료
50,000원 |

210mm×297mm[일반용지 60g/㎡(재활용품)]

[주세사무처리규정 제50호 서식]

탁주 제조방법(신규, 추가, 변경) 신청서

근거 : 주세법 시행령 제65조 제1항

신청인	①제 조 장 명 칭		②전 화 번 호	
	③대 표 자 성 명		④사업자등록번호	
	⑤제 조 장 소 재 지			

신 청 내 용

⑥상표명		⑦제조장에서 정한 제조방법 번호	신규 또는 추가시		변경시(종전번호)	

1. 입국 제조방법(원료명 : 쌀, 소맥분, 보리쌀, 옥분 등)

원 료 배 합

⑧원 료 명	⑨사용량(kg)	⑩조제종국(g)	⑪분말종국(g)	⑫종국사용비율(%)

2. 밑술 제조방법

용기용량(ℓ)	원 료 배 합				
	⑬입국미(kg)	⑭효 모(g)	⑮누 룩(kg)	⑯젖 산(㎖)	⑰급 수(ℓ)

3. 주류1담금 제조방법 [백미, 소맥분, 전분당(농도) 등 발효원료는 품명별로 품명과 사용량을 기재								4. 각종 수량 및 비율	
원료 종류		주류 1 담금원료배합수량						발효제 당화력 (SP)	담금조 용기용량(ℓ)
	원료명	밑술	1단 담금	2단 담금	3단 담금	4단 담금	계		
⑱입국							(kg)		㉗최종담금 숙성술덧 예정수량(ℓ)
⑲멥쌀							(kg)		㉘숙성술덧알코올분(%)
⑳찹쌀							(kg)		㉙후수수량(ℓ)
㉑누룩							(kg)		㉚술지게미 수량(ℓ)
㉒정제효소제							(g)		㉛제성수량(ℓ)
㉓조효소제									
㉔식물약재							(kg)		
㉕첨가물료							(kg)		
㉖급 수							(ℓ)		

주세법 시행령 제65조 제1항에 따라 신청합니다.

년 월 일

신 청 인 (서명 또는 인)

세 무 서 장 귀하

첨부서류 : 제조공정 설명서 및 제조방법(신규, 추가, 변경)사유서 1부

210mm×297mm(신문용지(54g/㎡)

[주세사무처리규정 제50호 서식]

약주 제조방법(신규, 추가, 변경) 신청서

근거 : 주세법 시행령 제65조 제1항

신청인	①제조장명칭		②전 화 번 호	
	③대 표 자 성 명		④사업자등록번호	
	⑤제 조 장 소 재 지			

신 청 내 용

⑥상표명		⑦제조장에서 정한 제조방법 번호	신규 또는 추가시		변경시(종전번호)	

1. 입국 제조방법(원료명 : 쌀, 소맥분, 보리쌀, 옥분 등)

원 료 배 합				
⑧원 료 명	⑨사용량(kg)	⑩조제종국(g)	⑪분말종국(g)	⑫종국사용비율(%)

2. 밑술 제조방법

용기용량(ℓ)	원 료 배 합				
	⑬입국미(kg)	⑭효 모(g)	⑮누 룩(kg)	⑯젖 산(㎖)	⑰급 수(ℓ)

3. 주류1담금 제조방법
[백미, 소맥분, 전분당(농도) 등 발효원료는 품명별로 품명과 사용량을 기재]

4. 각종 수량 및 비율

원료 종류	주류 1 담금원료배합수량						발효제당화력(SP)	담금조 용기용량(ℓ)
	원료명	밑술	1단담금	2단담금	3단담금	4단담금	계	
⑱입국							(kg)	㉗최종담금 숙성술덧 예정수량(ℓ)
⑲멥쌀							(kg)	㉘숙성술덧알코올분(%)
⑳찹쌀							(kg)	㉙후수수량(ℓ)
㉑누룩							(kg)	㉚술지게미 수량(ℓ)
㉒정제효소제							(g)	㉛제성수량(ℓ)
㉓조효소제								
㉔식물약재							(kg)	
㉕첨가물료							(kg)	
㉖급 수							(ℓ)	

주세법 시행령 제65조 제1항에 따라 신청합니다.

년 월 일

신 청 인   (서명 또는 인)

세 무 서 장 귀하

첨부서류 : 제조공정 설명서 및 제조방법(신규, 추가, 변경)사유서 1부

210mm×297mm(신문용지(54g/㎡)

② 주류제조방법 기술검토

주류제조면허 신청서 및 부속서류를 관할세무서에 제출하면, 관할세무서에서는 주류제조면허신청서와 제조방법신청서, 제조공정도 및 제조방법 설명서를 국세청 주류면허지원센터에 보낸다. 국세청 주류면허지원센터에서는 서류상 주류제조방법이 기술적으로 적합한지 여부를 심사하여 그 검토결과('주류제조방법 기술검토 내역서')를 관할세무서에 통보한다. 이때 제조방법이 적합하다고 판정받아야 면허가 가능하다.

주세사무처리규정
제38조(제조방법신청서 처리) ① 세무서장은 「주세법 시행령」 제65조에 따른 주류제조방법(신규·추가·변경) 승인신청서가 접수된 때에는 <u>국세청주류면허지원센터장에게 기술적인 검토를 의뢰하여야 한다</u>. 다만, 단순한 원료 배합비율의 변경이나 알코올 도수의 변경 등 통상적으로 사용되고 있는 제조방법 변경의 경우에는 기술적인 검토의뢰를 생략할 수 있다.

③ 시설 조건부 면허 교부

국세청으로부터 주류제조방법이 적합하다고 판정받을 뿐만 아니라, ① '국토이용계획확인원'을 통해 제조장 소재지가 양조에 적합한 지역으로 확인되어야 하고, ② '등기부나 임대차계약서'를 통해 제조장 소재지의 토지 및 건물이 자가소유이거나 법상 유효하게 임차한 것으로 확인되어야 한다. ③ 또한 '제조시설설명서 및 용량표'를 통해 법으로 정한 제조시설요건을 갖추고 있는지가 확인되어야 하고, ④ '식품접객업소의 허가증이나 신고증'을 통해 소규모주류를 제조할 수 있는 자로 확인되어야 한다.

　이상의 조건을 모두 갖추면, 국세청 관할 세무서로부터 '시설 조건부 면허증'을 교부받게 된다. 면허증은 법정 시설요건(1㎘ 이상 5㎘ 미만의 용기, 주정계 1대, 유량계 1조)을 갖추고 있지 않더라도 이를 갖출 것을 조건으로 할 수 있는 것이다. 시설 조건부 면허증을 교부받게 되면 6개월 이내에 시설 공사에 착수하고, 1년 이내에 완공하여야 한다.

주세법 시행령
제4조(주류제조의 면허) ②제1항의 규정에 의하여 주류제조의 면허신청을 받은 관할세무서장은 제5조의 규정에 의한 제조시설을 갖출 것을 조건으로 하여 면허를 할 수 있다.
③제2항에 따라 면허를 받은 자는 그로부터 1년 [별표 3 제4호에 따른 소규모주류제조자(이하 "소규모주류제조자"라 한다) 면허를 받은 경우에는 6월] 이내에 제조시설의 공사에 착수하여 3년(소규모주류제조자 면허를 받은 경우에는 1년) 이내에 이를 완공하여야 한다. 다만, 관할세무서장은 부득이한 사유가 있다고 인정하는 때에는 1년(소규모주류제조자 면허를 받은 경우에는 6월)의 범위내에서 그 기간을 연장할 수 있다.
④제2항의 규정에 의하여 면허를 받은 자는 제조시설의 공사에 착수한 때와 이를 완공한 때에는 지체없이 관할세무서장에게 신고(국세정보통신망에 의한 신고를 포함한다)하여야 한다.
⑤제2항의 규정에 의하여 면허를 받은 자가 제3항의 규정에 의한 기간 내에 제조시설의 공사에 착수하지 아니하거나 이를 완공하지 아니한 때에는 그 면허는 효력을 잃는다.

④ 용기등의 검정신청

　시설 조건부 면허가 교부된 후, 법정 시설을 모두 갖추면 관할세무서에 양조도구 및 용기의 검정을 신청하여야 한다. 용기검정신청서 및 제조 및 판매시설 신고서를 제출하면 국세청 주류면허지원센터에서 나와서 용기 등을 검정하는데, 법정 요건을 갖추었다고 판단되면 용기검정부 및 기계기구검정부를 작성하게 된다.

양조용기로는 주로 항아리, 스텐용기, 합성수지용기를 사용하는데, 항아리와 스텐용기는 별도의 사용적격판정을 받을 필요는 없으나, 합성수지 용기를 사용할 경우에는 사용적격판정을 받아야 하므로, 용기검정을 신청하기 전에 미리 사용적격판정을 받아 놓아야 한다.

국세청 주류면허지원센터에서 용기 등을 검정할 때에, 지하수를 양조용수로 사용할 경우에는 수질검사성적서도 검사한다. 수돗물을 양조용수로 사용할 경우에는 별도의 수질검사성적서가 필요없지만, 지하수를 사용할 경우에는 수질검사성적서가 있어야 하고, 당연히 수질적합판정이 나와야 한다. 따라서 용기검정을 신청하기 전에 수질검사기관에 의뢰해서 수질검사를 미리 해 놓아야 한다.

지하수를 양조용수로 사용할 경우에는 수질검사결과 부적합으로 나올 수 있으므로, 제조장을 정할 때 지하수를 미리 검사할 필요가 있다. 제조장 시설을 전부 갖추고 난 후 지하수 수질이 부적합으로 나온다면 그야말로 낭패이다.

> **주세법**
> 제50조(기기 등의 검정) 주류·밑술 또는 술덧의 제조자나 주류 판매업자는 대통령령으로 정하는 바에 따라 제조·저장 또는 판매에 사용하는 기

계, 기구와 용기의 검정을 받아야 한다.

주세법 시행령
제48조(설비·시설등의 변동신고) 주류·밑술이나 술덧의 제조자는 제조시설 및 설비(제조장의 건물 또는 대지를 포함한다)를 신설·확장 또는 개량하는 때에는 그 사실을 신설·확장 또는 개량한 날부터 20일 이내에 관할 세무서장에게 신고(국세정보통신망에 의한 신고를 포함한다)하여야 한다.
제63조(기기등의 검정) ① 법 제50조의 규정에 의하여 주류제조자는 제58조 또는 제59조제1항의 규정에 의하여 신고한 기계·기구 및 용기에 대하여 관할세무서장이 필요하다고 인정하는 경우에는 이를 사용하기 전에 관할세무서장의 검정을 받아야 한다.
②관할세무서장이 제1항의 검정을 한 때에는 기계·기구 및 용기에 번호·용량 기타 필요한 사항을 표시할 수 있다.

주세법 [별표 3]
5. 주류의 담금·저장·제성용기의 재질
    주류의 담금·저장·제성용기 중 합성수지 용기는「식품·의약품분야 시험·검사 등에 관한 법률」제6조제2항제1호에 따른 식품 등 시험·검사기관의 시험분석에서 사용적격 판정을 받은 것을 사용하여야 한다.

주세사무처리규정
제35조(신규 주류제조장의 제조시설 점검) ① 신규로 주류제조면허를 받은 자는 제조장 제조시설의 착수 또는 완공 즉시 세무서장에게 신고(별지 제26호 서식)하도록 하여야 하고, 완공 후 제출하는 제조설비신고서에 제조시설·설비 내역서 및 설명서와 용량표, 양조용수 수질검사성적서를 첨부하여 제출하도록 하여야 한다.
② 착수신고를 접수한 세무서장은 그 사실을 확인하여야 하며, 완공신고서를 접수한 세무서장은 국세청주류면허지원센터장에게 제조시설이 적합한지 기술적 점검을 요청하여야 한다. 다만, 탁·약주, 지역특산주, 민속주는 제조설비신고서와 제조시설·설비 내역서 및 설명서와 용량표,

양조용수 수질검사성적서를 검토하여 현장점검이 필요한 경우에만 요청할 수 있다.

제128조(용기 등의 검정) 세무서장은 주류제조자 또는 판매업자로부터 용기 등의 검정 신청이 있는 때에는 <u>부표 제5호의 방법으로 검정을 실시</u>하여야 한다. 다만, 기술적인 부분에 대하여 검정하기 곤란한 경우에는 국세청주류면허지원센터장과 공동으로 그 용량을 검정할 수 있다.

제129조(검정부의 작성) 세무서장이 용기 및 기계기구를 검정한 때에는 세무서장 및 주류, 밑술 또는 술덧제조자는 <u>검정부를 작성</u>하고 용기검정부, 기계기구검정부 정·부본의 소정사항을 부표 제5호에 따라 작성하여야 한다.

【주세사무처리규정 제14호 서식】

용기검정신청서

근거 : 주세법 제50조

신청인	① 상호(법인명)		② 주민(법인)등록번호 (사업자등록번호)	
	③ 성명(대표자)		④ 전화번호	
	⑤ 제조장 위치			

신 청 내 용

⑥ 생산할 주류의 종류	약주, 탁주		
⑦ 용 기 용 도	⑧ 용기재질	⑨ 용기형태	⑩ 용기개수

⑪ 사 유	

위 주세법 제50조에 따라 용기의 검정을 받고자 신청합니다.

년 월 일

신청인 :   (서명 또는 인)

세무서장 귀하

2000. 7. . 개정   210㎜×297㎜(신문용지 54g/㎡)

【주세사무처리규정 제26호 서식】

제조 및 판매설비 (신설 확장 개량) 신고서

	처리기간
	5 일

근거 : 주세법시행령 제48조 및 사무처리규정 제34조 및 제35조

신청인	① 성 명 (대 표 자)		② 사 업 자 등 록 번 호	
	③ 상 호 (법 인 명)			
	④ 제 조 장 소 재 지			

신 고 내 용

⑤ 제조주류의 종류	
⑥ 면허 년월일	⑦ 면허번호
⑧ 신설·확장·개량한 또는 하고자 하는 명칭, 규격, 형식, 능력, 수량	
⑨ 신설·확장·개량의 설명	
⑩ 신청사유	
⑪ 시공 기간	
⑫ 시공자 주소, 성명	
⑬ 신설·확장·개량 전후의 능력대비	
⑭ 기타 참고사항	

주세법시행령 제48조 및 주세사무처리규정 제34조(제35조)에 따라 위와 같이 신고합니다.

년 월 일

신고인 :   (서명 또는 인)

세무서장 귀하

210㎜×297㎜(신문용지 54g/㎡)

⑤ 본면허의 발부

용기검정까지 마치면 본 면허가 발부된다. 시설을 모두 갖추었기 때문에 시설 조건부 면허에서 본 면허로 이행하는 것이다. 처음부터 시설을 모두 갖추어 면허신청을 할 경우에는, 시설 조건부 면허 과정을 거칠 필요 없이 용기검정 완료 후 바로 본면허가 발부된다. 따라서 국세청으로부터 주류제조방법 적합판정이 나오면, 바로 관할 세무서에 용기검정신청을 하면 된다.

⑥ 주질감정

주류제조면허가 발부되면 이제 주류를 정식으로 제조·판매할 수 있다. 그런데 그에 앞서 몇 가지 거쳐야 할 절차가 있다. 첫째로, 주질감정신청서를 제출해서 주질감정을 받아야 한다. 세무서에 제출한 주류제조방법신청서대로 술을 제조하고 있는지 여부를 심사하는 것이다. 심사항목은 알코올 도수, 총산도(0.7 이하, 탁주는 0.5이하), 메틸알코올(0.5 이하) 등이다. 그리고 약주와 청주인 경우에는 혼탁도(18E.B.C 이하)까지 심사한다. 여기서 적합판정을 받아야 주류를 출고할 수 있다.

주세사무처리규정
제39조(주질감정) ① 세무서장은 제38조에 따라 승인한 제조방법으로 주류제조자가 최초로 생산한 주류(제조방법승인신청서상의 주류 1담금 제조방법에 따라 생산한 주류)의 견본을 제59조에 따라 채취하여 주류견본채취조사서 및 관련 주류제조방법신고서 사본과 함께 <u>국세청 주류면허지원센터장에게 제출하여 주질감정을 받은 후 출고하도록 하여야 한</u>

다. 다만, 탁·약주의 경우 단순한 원료 배합비율의 변경이나 알코올 도수의 변경 등 통상적으로 사용되고 있는 제조방법 변경의 경우에는 주질감정을 생략할 수 있다.

④ 주질분석을 실시한 결과 규격위반(알코올 도수 위반은 제외) 등으로 적발된 제조장에 대해서는 중점관리(정지기간 종료후 1월내 재점검)를 하여야 한다.

⑧ 제1항의 출고전 주질감정 신청을 받은 세무서장은 국세청주류면허지원센터장으로부터 주질감정 결과를 통보받아 신청일부터 15일 이내에 출고승인 여부를 서면으로 통보하여야 한다.

주질감정신청서

신청자	성 명(대표자)		②사업자등록번호	
	상 호(법인명)			
	제 조 장 위 치			

신 청 주 류

주류의 종류	상 표 명	규 격	용 량	면허번호

주세처리사무규정 제39조 제1항에 의거 주질감정을 신청합니다.

첨부 : 탁주제조방법신청서
　　　 제조면허증 사본

년　월　일

신청인 :　　　　　(서명 또는 인)

세무서장 귀하

210㎜×297㎜(신문용지54g/㎡)

⑦ 출고가격신고

주질감정에서 적합판정을 받으면 출고 전에 출고가격을 관할 세무서에 신고하여야 한다. 출고가격은 과세표준이 되는 가격이다. 출고가격을 기준으로 주세가 부과되기 때문이다.

일반적으로 주류의 출고가격은 '통상의 도매수량과 거래 방식에 의하여 판매하는 가격'으로 한다. 그러나 하우스막걸리의 경우는 법령에서 출고가격을 일정하게 정하고 있다. '제조원가에 통상이윤 상당액(제조원가의 100분의 10)을 가산한 금액에 100분의 80을 곱한 금액', 즉 (제조원가×110%)×80/100이 출고가격이다. 예컨대 제조원가가 5,000원이라고 하면 (5,000원×1.1)×0.8= 4,400원이 출고가격이 되는 셈이다.

주세법
제21조(과세표준) ② 주정 외의 주류에 대한 주세의 과세표준은 주류 제조장에서 출고하는 경우에는 <u>출고하는 때의 가격</u>으로 하고, 수입하는 경우에는 수입신고를 하는 때의 가격(관세의 과세가격과 관세를 합한 금액을 말한다)으로 한다.
③ 제2항에 따른 주류 제조장에서 출고하는 때의 가격에는 그 주류의 <u>주세액에 해당하는 금액은 포함하지 아니하며</u>, 그 용기(容器) 대금(代金)과 포장비용을 포함한다. 다만, 대통령령으로 정하는 용기 대금 또는 포장비용은 포함하지 아니한다.

주세법시행령
제20조(주류가격의 계산) ① 법 제21조제4항에 따라 주류의 가격은 다음 각 호의 구분에 따라 이를 산정한다.
1. 주류제조장으로부터 출고하는 주류의 가격은 모든 주류제조자가 통상의 도매수량과 거래 방식에 의하여 판매하는 가격(이하 "통상가격"

이라 한다)으로 한다.
3. 주류제조자가 특수한 거래 방식에 의하여 출고하는 주류의 가격은 다음 각 목의 금액으로 한다.
　라. 무상으로 출고하는 경우에는 당해주류와 동일한 규격과 용량에 대한 통상가격으로 하되, 동일한 규격과 용량에 의하여 가격을 산출할 수 없는 때에는 그 주류의 제조원가에 통상이윤상당액(제조원가의 100분의 10)을 가산한 금액. 이 경우 제조원가는 회계학상의 개념에 불구하고 <u>원료비·부원료비·노무비·경비 및 일반관리비(판매비를 포함한다)</u>중 당해주류에 배부되어야 할 부분으로 구성되는 총금액에 의한다.
　아. 소규모주류제조자가 제조하는 탁주·약주 및 청주의 가격은 통상의 제조수량에 따라 계산되는 <u>제조원가에 통상이윤 상당액(제조원가의 100분의 10)을 가산한 금액에 100분의 80을 곱한 금액으로</u> 한다. 이 경우 제조원가에 관하여는 라목 후단을 준용한다.

주세사무처리규정
제65조(주류의 가격) ③ 주정 이외의 주류의 제조장 출고가격(소규모제조맥주는 판매가격)을 변경(신규포함)하는 자는 변경일로부터 2일 이내에 출고가격신고서(제2항 제5호를 제외한다, 별지 제39호 서식)를 관할세무서장에게 제출하도록 하여야 한다. 다만, 탁주, 약주, 민속주, 지역특산주, 소규모맥주, 당해 주조연도에 같은 서류를 제출한 제조자는 제2항 제2호 및 제3호의 서류를 생략할 수 있다.

【주세사무처리규정 제39호 서식】

주류출고가격 (신규, 변경) 신고서

근거 : 주세사무처리규정 제65조

신 청 자	① 성　　　명 (대표자)		② 사업자등록번호	
	③ 상　　　호 (법인명)			
	④ 주　　　소 (본점소재지)			
	⑤ 제 조 장 위 치			

신　고　내　용

⑥ 주류의 종류	⑦ 상 표 명	⑧ 규　격	⑨ 용　량	⑩ 비　고

⑪ 종 전 출 고 가 격		⑫ 변 경 (신 규) 출 고 가 격	
시　행　일	출 고 가 격	시　행　일	출 고 가 격

주세사무처리규정 제65조에 따라 위와 같이 신고합니다.

년　　월　　일

신고인 :　　　　　　　　(서명 또는 인)

세 무 서 장　　　㊞

붙임 1. 제조(판매)원가계산서 및 산출근거
　　 2. 직전사업년도의 재무제표 및 제조(판매)원가명세서(당해 주조년도 기 제출자는 생략)
　　 3. 직전사업년도의 제품 및 원료수불명세서(당해 주조년도 기 제출자는 생략)
　　 4. 원료·포장재료 및 주요저장품등에 대한 최근 3월의 평균구입원가 산출근거 및 그 증명서류
　　 5. 소관 주류업단체장의 출고(판매)원가 검토의뢰서

210㎜×297㎜(신문용지54g/㎡)

⑧ 품목제조보고서 제출

하우스막걸리는 식품 제조·가공에 해당하므로, 식품위생법에 따라 제품생산 시작 전이나 제품생산 시작 후 7일 이내에 식품의약품안전처에 품목제조보고서를 제출하여야 한다. 품목제조보고서를 제출할 때에는 제조방법설명서와 유통기한의 설정사유서를 함께 제출하여야 한다.

식약처는 각 지방 식약청으로 구성되는데, 지방 식약청으로는 서울지방청(서울, 강원, 경기북부 관할), 부산지방청(부산, 울산, 경남 관할), 경인지방청(인천, 경기 관할), 대구지방청(대구, 경북 관할), 광주지방청(광주, 전남, 전북, 제주 관할), 대전지방청(대전, 세종, 충남, 충북 관할)이 있다. 품목제조보고서 및 부속서류는 관할 지방 식약청에 제출하면 된다.

식품위생법
제37조(영업허가 등) ⑥ 제1항, 제4항 또는 제5항에 따라 식품 또는 식품첨가물의 제조업·가공업의 허가를 받거나 신고 또는 등록을 한 자가 식품 또는 식품첨가물을 제조·가공하는 경우에는 총리령으로 정하는 바에 따라 식품의약품안전처장 또는 특별자치시장·특별자치도지사·시장·군수·구청장에게 그 사실을 보고하여야 한다. 보고한 사항 중 총리령으로 정하는 중요한 사항을 변경하는 경우에도 또한 같다.

식품위생법 시행규칙
제45조(품목제조의 보고 등) ① 법 제37조제6항에 따라 식품 또는 식품첨가물의 제조·가공에 관한 보고를 하려는 자는 별지 제43호서식의 품목제조보고서(전자문서로 된 보고서를 포함한다)에 다음 각 호의 서류(전자문서를 포함한다)를 첨부하여 <u>제품생산 시작 전이나 제품생산 시작 후</u>

<u>7일 이내에 등록관청에</u> 제출하여야 한다. 이 경우 식품제조·가공업자가 식품을 위탁 제조·가공하는 경우에는 위탁자가 보고를 하여야 한다.
1. 제조방법설명서
2. 「식품·의약품분야 시험·검사 등에 관한 법률」 제6조제3항제1호에 따라 식품의약품안전처장이 지정한 식품전문 시험·검사기관 또는 같은 조 제4항 단서에 따라 총리령으로 정하는 시험·검사기관이 발급한 식품등의 한시적 기준 및 규격 검토서(제5조제1항에 따른 식품등의 한시적 기준 및 규격의 인정 대상이 되는 식품등만 해당한다)
3. 식품의약품안전처장이 정하여 고시한 기준에 따라 설정한 <u>유통기한의 설정사유서</u>(법 제10조제1항의 표시기준에 따른 유통기한 표시 대상 식품 외에 유통기한을 표시하려는 식품을 포함한다)
4. 할랄인증 식품(제8조제1항제6호라목에 따른 기관으로부터 이슬람교도가 먹을 수 있도록 허용됨을 인증받은 식품을 말한다. 이하 같다) 인증서 사본(할랄 인증 식품의 표시·광고를 하는 경우만 해당한다)

[별지 제3호 서식]

■ 식품위생법 시행규칙 [별지 제43호서식]

식품(식품첨가물) 품목제조보고서

보고인	성명		생년월일	
	주소		전화번호	
			휴대전화	
영업소	명칭(상호)			
	소재지			
제품정보	식품의 유형		영업신고 번호	
	제품명			
	유통기한 품질유지기한	제조일부터 제조일부터	일(월, 년) 일(월, 년)	
	원재료명 또는 성분명 및 배합비율			
	용도 용법			
	보관방법 및 포장 재질			
	포장방법 및 포장 단위			
	성상			
	고열량·저영양 식품 해당 여부	[ ]예 [ ]아니오 [ ]해당 없음		
기타				

「식품위생법」 제37조제5항 및 같은 법 시행규칙 제45조제1항에 따라 식품(식품첨가물) 품목제조 사항을 보고합니다.

년   월   일

보고인   (서명 또는 인)

지방식품의약품안전처장
특별자치도지사 · 시장 · 군수 · 구청장   귀하

첨부서류	1. 제조방법설명서 1부 2. 식품위생검사기관이 발급한 식품등의 한시적 기준 및 규격 검토서 1부 3. 식품의약품안전처장이 정하여 고시한 방법에 따라 설정한 유통기한의 설정사유서 1부

유의사항

1. 품목제조보고서는 제품생산의 개시 전이나 개시 후 7일 이내에 제출하여야 합니다.
2. 배합비율 표시는 식품공전 및 식품첨가물공전에 사용기준이 정하여져 있는 원재료 또는 성분의 경우만 해당합니다.

210mm×297mm[일반용지 60g/㎡ (재활용품)]

유통기한 설정 사유서	
제 품 명	
식품·축산물의 유형 (식품첨가물 품목명)	
보존 및 유통 방법	실온( ) / 상온( ) / 냉장( ) / 냉동( ) / 기타( )
유 통 기 한	
실험수행기관종류	자사( ) / 의뢰( ) / 생략( )
실험수행기관명	
유통기한 설정근거	

상기와 같이 유통기한 설정 사유서를 제출합니다.

첨부 : 별지 제2호. 서식의 유통기한설정실험 결과보고서

년 월 일

제출인 : (인)

⑨ 상표신고

하우스막걸리는 제조장이 위치한 영업장에서는 병입하여 외부로 반출해 판매할 수 있는데, 이때 술병에 상표를 사용할 경우에는 상표를 관할세무서에 신고하여야 한다. 상표에 표시할 내용들의

주류상표(신규, 변경) 신고서

신청자	성 명 (대표자)		② 사업자등록번호	
	상 호 (법인명)			
	제 조 장 위 치			

신 고 내 용

주류의 종류	상 표 명	규 격	용 량	면허번호

아래와 같이 상표를 신고합니다.

년 월 일

신고인 : (서명 또는 인)

세무서장 귀하

210㎜×297㎜(신문용지54g/㎡)

표시기준에 대해서는 뒤에서 살펴보도록 한다.

주세사무처리규정

제46조(상표사용) ④ 주류제조자가 상표(증표를 포함한다. 이하 같다)를 사용 또는 변경하려는 때에는 <u>사용 개시 예정일 2일전(최초로 사용하는 상표 또는 주요 도안을 변경하는 경우에는 10일전)</u>까지 제조장 관할세무서장에게 <u>신고</u>하여야 한다. 다만, 수출하는 주류상표의 단순 변경사항에 대해서는 신고대상에서 제외할 수 있다.

⑤ 신고를 받은 세무서장은 제48조와 제49조 및 「식품위생법」 제10조의 규정에 따라 적정여부를 검토하여야 하며, 부적정할 경우에는 즉시 이를 시정하도록 하여야 한다.

(2) 양조시설·장비의 실제

하우스막걸리를 제조하기 위해서 어떠한 양조시설 및 장비를 갖추어야 하는가에 대해서 살펴보도록 한다.

첫째, 앞에서 언급했듯이 양조공간이 주방이나 홀과 완전히 구획 또는 구분되어야 하고, 충분한 조명·환기 및 방충시설, 냉장보관시설, 냉장유통시설을 갖추어야 한다. 조명은 충분히 밝아야 하고 전등이 밖으로 노출되면 안 된다. 환기시설로는 환풍구 또는 창문이 있으면 된다. 특히 초파리가 많이 생기거나 쥐가 서식할 수 있으므로, 방충시설(방충망, 포충 등) 및 방서시설에 신경을 써야 한다.

둘째, 양조시설로 발효실과 제품보관실(냉장실), 원료보관 창고, 냉장유통시설을 갖추어야 한다.

① 발효실은 상온발효방법으로 양조할 경우에는 최소 3평 정도의 상온발효실만 있으면 된다. 하지만 저온발효방법으로 양조할 경우에는 최소 3평 정도의 저온발효실(후발효실, 18~22℃)과 1평 정도의 고온발효실(주발효실, 25~35℃)을 두어야 할 것이다. 저온발효실은 저온저장고로 만들 수 있고, 간편하게 벽걸이 에어컨을 설치할 수도 있다. 저온발효실의 벽은 샌드위치 판넬로 시공해도 되고, 우레탄으로 시공해도 된다. 우레탄을 단열재로

사용하는 것이 확실하지만 비용이 비싼 것이 흠이다. 고온발효실은 전기 히터봉이나, 전기필름 등을 사용해서 난방을 하면 된다.
② 그리고 제품보관실을 갖추어야 하는데, 제품의 냉장상태를 유지해야 하므로 제품보관실은 곧 냉장실이 된다. 냉장실은 결로도 많이 생기고, 단열도 중요하므로, 벽을 우레탄으로 시공하는 것이 좋다. 냉장실은 제품보관뿐만 아니라 원료보관실로도 사용할 수 있으므로, 3평 정도는 되어야 할 것이다. 다만 원료와 제품은 구분되어야 한다. 원료 보관시 바닥으로부터 일정한 간격을 두어야 하므로 파렛트 등을 바닥에 깔아야 한다.
③ 하우스막걸리를 다른 식품접객업자의 영업장에 판매하려면 냉장유통시설을 갖추어야 한다. 냉장탑차가 대표적인 예이다. 그러나 냉장탑차가 아니더라도 스치로폼 상자에 아이스팩을 넣어서 유통시켜도 된다.

셋째, 양조장비를 살펴보면, 쌀 씻는 '세미기', 쌀을 빻는 '롤러', 고두밥을 찌는 '찜기 및 찜통', 고두밥을 식히는 '고두밥 널대', 쌀을 씻거나 불리는 '대야', 발효조 항아리 60ℓ 짜리 20개, 제성조 스텐통 60ℓ 짜리 5개 등을 갖추어야 한다. 그리고 업소용 가스렌지 및 싱크대도 당연히 있어야 한다.

주의할 것은 전기시설 및 가스시설인데, 롤러와 찜기는 3상전기를 사용할 수 있으므로 3상전기가 들어오는지를 확인해야 한다. 물론 쌀을 직접 빻지 않고 떡집에서 빻거나, 찜기는 가스로 가열하는 것을 사용할 경우에는 3상 전기가 필요 없다. 가스의 경우 도시

가스가 들어오는 곳이면 비용을 절감할 수 있다. 수돗물이 들어오는지도 살펴보아야 한다. 수돗물은 별도의 수질검사를 받을 필요가 없기 때문이다. 지하수를 양조용수로 사용할 경우에는 수질검사를 6개월마다 받아야 하며, 1회 비용이 20여 만 원이 넘는다.

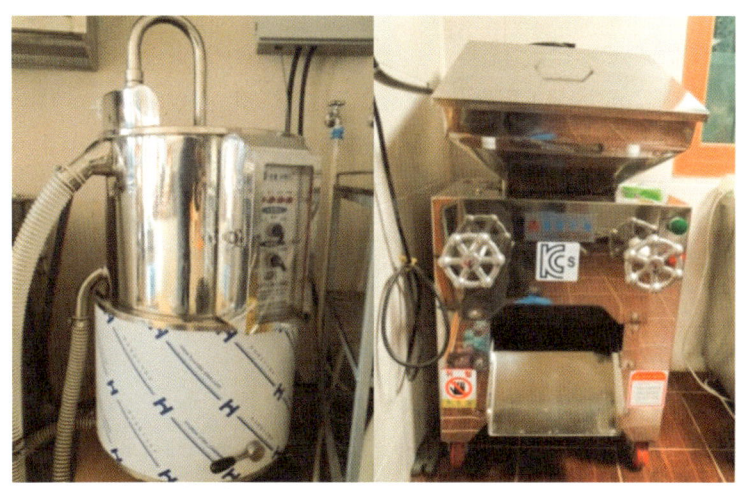

(세미기)　　　　　　　　　　(롤러기)

(찜기 및 찜통)　　　　　　　　(물통)

(대야)　　　　　(채반)　　　　　(고두밥 널대)

(스텐 제성조)　　　　　(옹기 발효조)

7. 주세의 부과·징수

(1) 주세의 과세방법

　주세의 과세방법에는 종가세와 종량세가 있는데, 종가세는 출고가격에 일정세율을 곱해 부과하는 과세방법이고, 종량세는 출고수량에 일정세율을 곱해 부과하는 과세방법이다. 현재 우리나라는 주정을 제외한 모든 주류에 종가세를 채택하고 있다.

(2) 세율

하우스막걸리를 제조·판매할 경우에도 당연히 주세를 납부하여야 하는데, 탁주는 출고가격의 5%이고, 약주와 청주는 출고가격의 30% 이다. 전통주에 해당하는 민속주와 지역특산주의 경우는 50%의 주세 감경의 혜택을 받지만, 하우스막걸리는 이런 주세감경 혜택이 없다.

(3) 주세, 부가가치세, 교육세

하우스막걸리는 다른 주류와 마찬가지로 주세뿐만 아니라 부가가치세도 납부하여야 한다. 부가가치세는 '(출고가격+주세)×10%'이고, 교육세까지 납부할 경우에는 부가가치세가 '(출고가격+주세+교육세)×10%'이다. 그리고 탁주, 약주, 주정은 교육세가 부과되지 않지만, 그밖의 주류는 교육세까지 납부하여야 한다. 교육세는 청주와 과실주는 주세의 10%이고, 맥주와 소주는 주세의 30%이다.

그렇다면 하우스막걸리를 생산하는 업체의 탁주의 제조원가가 5,000원이라고 하면, 출고가격은 앞에서 본 바와 같이 4,400원이 되고 주세는 4,400원×5% = 220원이고, 부가가치세는 (4,400원+220원)×10%=462원이며, 그 결과 제조장 판매가격은 4,400원+220원+462원=5,082원이 된다.

(4) 주세의 신고·납부기한

주세는 매 분기마다 신고·납부하여야 하는데, 2013년 주세법이 개정되어 매월 신고·납부하는 것에서 매 분기 신고·납부하는 것으로 바뀌었다. 출고가격신고와 주세 및 부가가치세 납부는 가능한 한 전문 세무사에게 맡기는 것이 좋을 듯 싶다.

(5) 납세증명표지

탁주는 납세증명표지를 붙일 필요가 없지만, 약주는 연간 1,000㎘ 이상을 생산하는 경우에만 납세증명표지를 붙이고, 청주는 생산량과 관계없이 납세증명표지를 붙여야 한다. 하우스막걸리로 약주를 연간 1,000㎘ 이상 생산하지 않는 이상, 탁주와 약주를 외부에 병입·판매할 경우에는 납세증명표지를 붙일 필요가 없다. 청주를 하우스막걸리로 병입·판매할 경우에는 납세증명표지를 붙여야 한다. 납세증명표지에는 '납세증지'와 '납세병마개', '납세증표'가 있다.

주세법
제22조(세율) ① 주정에 대한 세율은 주정 1킬로리터당 5만 7천원(알코올분 95도를 초과하는 경우에는 그 초과하는 1도마다 600원을 더하여 계산한다)으로 한다.
② 주정 외의 주류에 대한 세율은 다음과 같다.
1. 발효주류
　가. <u>탁주: 100분의 5</u>

나. <u>약주·과실주: 100분의 30</u>

    다. <u>청주: 100분의 30</u>

    라. 맥주: 100분의 72

2. 증류주류: 100분의 72

3. 기타 주류

    가. 별표 제4호가목 및 다목부터 마목까지의 주류: 100분의 72. 다만, 다목의 주류 중 불휘발분이 30도 이상인 것은 100분의 10으로 한다.

    나. 별표 제4호나목의 주류: 100분의 30

③ 전통주로서 대통령령으로 정하는 주류 중 대통령령으로 정하는 출고 수량 이하의 것에 대한 세율은 제2항에 따른 세율의 100분의 50으로 한다.

제23조(과세표준 등의 신고) ① 주류 제조장에서 주류를 출고한 자는 <u>매 분기</u> 주류 제조장에서 출고한 주류의 종류, 알코올분, 수량, 가격, 세율, 산출세액, 공제세액, 환급세액, 납부세액 등을 적은 신고서를 출고한 날이 속하는 <u>분기의 다음 달 25일까지</u> 관할 세무서장에게 제출하여야 한다.

제26조(납부기한) ① 주세는 매 분기 분을 제23조제1항에 따른 <u>신고서 제출기한</u>까지 관할 세무서장에게 납부하여야 한다. 다만, 수입하는 주류에 관하여는 「관세법」에 따른다.

제44조(납세증명표지) ① 국세청장은 주세 보전을 위하여 필요하다고 인정되면 대통령령으로 정하는 바에 따라 출고하는 주류의 용기에 납세 또는 면세 사실을 증명하는 표지(이하 "납세증명표지"라 한다)를 하게 할 수 있다.

주세법 시행령

제57조(납세증명표지) ① 국세청장은 주세보전상 필요하다고 인정하는 때에는 기획재정부령이 정하는 주류에 대하여 법 제44조에 따른 납세 또는 면세사실을 증명하는 증지(이하 "납세증지"라 한다)를 붙이도록 할 수 있다. 이 경우 주류제조자가 납세 또는 면세사실을 증명하는 병마개(이하 "납세병마개"라 한다) 또는 증표(이하 "납세증표"라 한다)를 사용하는 때에는 납세증지를 붙인 것으로 보며, 주류의 출고를 객관적으로 확인할 수 있는 자동계수기를 설치한 때에는 관할지방국세청장의 승인을 얻어 납세증지를 붙이지 아니할 수 있다.

주세법 시행규칙
제9조(납세증지를 첩부하는 주류) 영 제57조의 규정에 의하여 국세청장이 납세증지의 첩부를 명할 수 있는 주류는 다음 각 호와 같다. 다만, 주류 제조원료로 출고하는 경우에는 그러하지 아니하다.
1. 탁주·약주(국세청장이 정하여 고시하는 것에 한정한다)
2. 청주
3. 맥주
4. 과실주
5. 소주
6. 위스키
7. 브랜디
8. 일반증류주
9. 리큐르
10. 기타 주류

주세납세증명표지에 관한 주류제조자가 지켜야 할 사항 고시
제2조(주세납세증명표지에 관한 사항) ① 청주, 맥주, 과실주, 소주, 위스키, 브랜디, 일반증류주, 리큐르, 기타주류와 직전 주조연도의 연간 약주 출고량이 1,000킬로리터(㎘) 이상인 주류 제조업체에서 생산하는 약주에는 주세의 납세 또는 면세사실을 증명하는 주세납세증지(이하 "납세증지"라 한다)를 관할세무서장으로부터 교부받아 첩부하여야 한다.

교육세법
제3조(납세의무자) 다음 각 호의 어느 하나에 해당하는 자는 이 법에 따라 교육세를 납부할 의무를 진다.
4. 「주세법」에 따른 주세(주정, 탁주, 약주에 대한 것은 제외한다. 이하 같다)의 납세의무자

제5조(과세표준과 세율) ① 교육세는 다음 각 호의 과세표준에 해당 세율을 곱하여 계산한 금액을 그 세액으로 한다.

호별	과세표준	세율
4	「주세법」에 따라 납부하여야 할 주세액	100분의 10. 다만, 주세의 세율이 100분의 70을 초과하는 주류에 대하여는 100분의 30으로 한다.

8. 상표 - 주류의 표시기준

하우스막걸리를 병입하여 외부로 반출·판매할 경우에는 용기에 식품위생법에서 정한 주류표시를 하여야 한다. 라벨의 주표시면에는 제품명과 내용량을 표시하여야 하고, 일괄표시면에는 식품유형(탁주 또는 약주), 원재료명, 병입년월일, 유통기한을 표시하여야 한다. 기타표시면에는 업소명 및 소재지, 소비자상담전화, 주의사항, 에탄올함량, 용기재질, 보관방법, 품목보고번호를 표시하여야 한다.

① 'OO쌀 막걸리'와 같이 원료를 제품명으로 사용할 경우에는 주표시면에 그 함량(OO%)을 14포인트 이상의 크기로 표시하여야 하고, 일괄표시면의 '원재료명 및 함량'에도 표시해야 한다. ② 탁주와 약주의 경우에는 유통기한을 표시하면 되고, 품질유지기한은 표시할 필요가 없다. 탁주와 약주의 경우, 발효 → 제성 → 숙성의 과정 중 어느 시점을 제조로 볼 것인지가 불분명하므로 제조년월일보다는 병입년월일로 표시하는 것이 나을 것이다. 따라서 유통기한도 '병입년월일부터 OO일까지'가 된다. ③ 에탄올함량은 알코올 도수를 말한다. ④ 상표에 품목보고번호를 적시해야 하므로,

관할 세무서에 상표를 신고하기에 앞서 식약청에 품목제조보고를 먼저 하여야 할 것이다.

그리고 주류의 표시사항마다 활자 크기가 정해져 있으므로 주의해야 한다. 단 포장면적이 200㎠ 이하인 제품의 경우에는 유통기한은 10포인트 이상, 원재료명은 5포인트 이상, 주의사항은 8포인트 이상의 활자 크기로 표시할 수 있다.

〈탁주의 표시예시〉

위치	구분	표시 예시	활자크기 (포인트)
주표시면	제품명	1) ○○생 막걸리 ※ 전분질 원료가 단일원료인 경우 전분질 원료에 대해 100% 표시 <예시> 전분질 원료 쌀 100% 2) ○○쌀 생탁주 (쌀 ○○% : 14포인트 이상) ※ 농산물 원산지 표시는 「농수산물 원산지 표시에 관한 법률」을 참고	6
	내용량	○ℓ 또는 ○○○㎖	12
일괄표시면	식품유형	탁주 / 살균탁주 ※ 살균제품은 '살균탁주'로 표시	8
	제조년월일 (병입년월일)	○○년 ○○월 ○○일	10
	유통기한	예 1 : ○○년 ○○월 ○○일 까지 예 2 : 제조일로부터 10일까지	12(10)
	원재료명 및 함량	정제수, 쌀 ○○%, 밀가루, 물엿, 삭카린나트륨(합성감미료), 국, 효모, 아스파탐(합성감미료, 페닐알라닌 함유), ○○올리고당, 대추 추출액, 구기자 ※ 제품명에 '쌀'등 원료 표기시에 쌀 등 해당 원료 함량 기재 ※ 함량은 사용한 모든 원료(정제수 포함)의 합을 100으로 함	7(5)
기타표시면	업소명 및 소재지	○○ 탁주제조장, ○○도 ○○시 ○○읍 ○○○로 ○○	8
	주의 사항	부정·불량 식품 신고는 국번없이 1399	10(8)
	에탄올 함량	0%	6
	용기 재질	폴리에틸렌테레프탈레이트(PET) ※ 「자원의 절약과 재활용 촉진에 관한 법률」에 따라 분리 배출 마크가 표시되면 생략	6
	보관 방법	예 1 : 10℃ 이하 냉장보관 예 2 : 직사광선을 피하고 서늘한 곳에 보관	6
	품목보고번호	품목제조보고할 때 부여되는 번호	6

〈약주의 표시예시〉

위치	구분	표시 예시	활자크기 (포인트)
주표시면	제품명	OO 약주 ※ 원료를 제품명으로 사용하는 경우 '원료명 OO%' 14포인트 이상)	6
	내용량	O ℓ 또는 OOOml	12
일괄표시면	식품유형	약주 / 살균약주 ※ 살균제품은 '살균약주'로 표시	8
	제조년월일 (병입년월일)	OO년 OO월 OO일	10
	유통기한	예 1 : OO년 OO월 OO일 까지 예 2 : 제조일로부터 10일까지	12(10)
	원재료명 및 함량	정제수, 쌀 OO%, 밀가루, 물엿, 삭카린나트륨(합성감미료), 국, 효모, 아스파탐(합성감미료, 페닐알라닌 함유), OO올리고당, 대추 추출액, 구기자 ※ 함량은 사용한 모든 원료(정제수 포함)의 합을 100으로 함 ※ 복합원재료는 그 복합원재료 명칭 또는 해당 식품의 유형을(가상 제품명에 한함) 표시하고, 괄호로 정제수를 제외한 많이 사용한 순서에 따라 5가지 이상의 원재료명 또는 성분명을 표시(주정, 증류주 원액 제외)	7(5)
기타표시면	업소명 및 소재지	OO 양조장, OO도 OO시 OO읍 OOO로 OO	8
	주의 사항	부정·불량 식품 신고는 국번없이 1399	10(8)
	에탄올 함량	O%	6
	용기 재질	폴리에틸렌테레프탈레이트(PET) ※ 「자원의 절약과 재활용 촉진에 관한 법률」에 따라 분리 배출 마크가 표시되면 생략	6
	보관 방법	예 1 : 10℃ 이하 냉장보관 예 2 : 직사광선을 피하고 서늘한 곳에 보관	6
	품목보고번호	품목제조보고할 때 부여되는 번호	6

식품등의 표시기준
- 식품의약품안전처 고시 제2014-201호(2014.12.26 개정)

제3조(표시대상) 표시대상 식품등은 다음과 같다.
1. 식품 또는 식품첨가물
   가. 식품위생법시행령(이하 "영"이라 한다) 제21조제1호의 규정에 의한 식품제조·가공업 및 동조제2호의 규정에 의한 즉석판매제조·가공업의 신고를 하여 제조·가공하는 식품.

제4조(표시사항) 식품등의 표시사항은 다음과 같다.
1. 제품명(기구 또는 용기·포장은 제외한다)
2. 식품의 유형 (따로 정하는 제품에 한한다)
3. 〈삭제 99. 2. 18〉
4. 업소명 및 소재지
5. 제조연월일(따로 정하는 제품에 한한다)
6. 유통기한 또는 품질유지기한(식품첨가물과 기구 또는 용기·포장은 제외한다)
7. 내용량(내용량에 해당하는 열량) : 내용량은 기구 또는 용기·포장 제품을 제외하며, 내용량에 해당하는 열량은 영양성분 대상 식품에 한하여 표시한다.
8. 원재료명(기구 또는 용기·포장은 재질로 표시한다) 및 함량(원재료를 제품명 또는 제품명의 일부로 사용하는 경우에 한한다)
9. 성분명 및 함량(성분표시를 하고자 하는 식품 및 성분명을 제품명 또는 제품명의 일부로 사용하는 경우에 한한다)
10. 영양성분 (따로 정하는 제품에 한한다)
11. 기타 식품등의 세부표시기준에서 정하는 사항

제5조(표시방법) 식품등(수입되는 식품등을 포함한다. 이하 같다)의 표시방법은 다음과 같다.
1. <u>소비자에게 판매하는 제품의 최소 판매단위별 용기·포장에는 제4조에 따른 표시사항을 표시하여야 한다.</u> 다만, 포장된 과자류 중 캔디류·추잉껌, 초콜릿류 및 잼류는 최소판매 단위 제품의 주표시면 면적이 30㎠ 이하이고 여러 개의 최소판매 단위 제품이 하나의 용기·포장으로 진열·판매할 수 있도록 포장된 경우에는 그 용기·포장에 대신 표

시 할 수 있다.
3. 표시사항을 표시함에 있어 소비자가 쉽게 알아볼 수 있도록 눈에 띄게 바탕색과 구별되는 색상으로 주표시면, 일괄표시면(소비자가 쉽게 알아볼 수 있도록 모아서 표시하는 면을 말한다) 및 기타표시면(주표시면과 일괄표시면 등을 포함한 모든 표시면을 말한다)으로 구분하여 다음 각 목과 같이 표시하여야 한다. 다만, 회수하여 재사용하는 병마개 제품의 경우에는 그러하지 아니 하다.

가. 표시장소별 표시사항 및 활자 크기

표시장소	표시사항	활자 크기(포인트)
1) 주표시면	가) 제품명	6 이상
	나) 내용량(내용량에 해당하는 열량)	12 이상
2) 일괄 표시면	가) 식품의 유형	8 이상
	나) 제조연월일	10 이상
	다) 유통기한·품질유지기한	12 이상
	라) 원재료명 및 함량	7 이상
	마) 성분명 및 함량	7 이상
3) 기타 표시면	가) 업소명 및 소재지	8 이상
	나) 영양성분	8 이상
	다) 주의사항 표시	10 이상
	라) 기타사항 표시	6 이상

나. 가목 2)의 표시사항 중 식품의 유형, 제조연월일, 유통기한 및 품질유지기한은 주표시면에 표시할 수 있다.
다. 포장면적이 200㎠ 이하인 제품의 경우 유통기한·품질유지기한은 10포인트 이상, 원재료명은 5포인트 이상, 영양성분은 6포인트 이상, 주의사항은 8포인트 이상의 활자 크기로 표시할 수 있다.
라. 제5조제1의2호에 해당하는 내포장한 제품의 표시사항 및 활자 크기는 가목의 규정을 따르지 아니할 수 있다.

제6조(소비자 안전을 위한 주의사항 표시) 제3조의 규정에 따른 표시대상이 되는 식품등을 제조·가공·수입·소분·판매하는 영업자는 다음 각 호에 해당하는 식품등에 소비자의 안전을 위한 주의 사항을 표시하여야 한다.

1. 식품
   마. 아스파탐을 첨가 사용한 제품에 대하여는 "페닐알라닌 함유"라는 내용의 표시
   타. 해당 식품에 대한 불만이나 소비자의 피해가 있는 경우 신속하게 신고하도록 하기 위해 식품의 용기·포장에 "부정·불량식품 신고는 국번없이 1399"의 표시를 하여야 한다.

제9조(식품등의 세부표시기준 등) 식품등의 세부표시기준 등은 다음 각호와 같다.
1. 제4조 표시사항에 따른 식품등의 세부표시기준 : 『별지 1』

부칙
제1조(시행일) 이 고시는 2017년 1월 1일부터 시행한다.
제2조(적용례) 이 고시 시행 전에 이미 제조·가공 또는 수입된 식품등이 이 고시를 적용받고자 하는 경우 이 고시를 적용할 수 있다.

『별지1』 식품등의 세부표시기준(제9조 관련)

1. 식품등의 일반기준
   가. 식품(수입식품을 포함한다)
      1) 제품명
      가) 제품명은 그 제품의 고유명칭으로서 허가관청(수입식품의 경우 신고관청)에 신고 또는 보고하는 명칭으로 표시하여야 한다.
      나) 제품명에 상호·로고 또는 상표 등의 표현을 함께 사용할 수 있다.
      다) 원재료명 또는 성분명을 제품명 또는 제품명의 일부로 사용할 수 있는 경우는 다음과 같다.
      (1) 식품의 제조·가공시에 사용한 원재료명이나 성분명을 제품명 또는 제품명의 일부로 사용하고자 하는 경우와 2가지 이상의 원재료명칭을 서로 합성하여 제품명 또는 제품명의 일부로 사용하고자 하는 경우에는 해당 원재료명 또는 성분명과 그 함량을 주표시면에 14포인트 이상의 활자로 표시하여야 한다. 다만, 제품

　　　　명의 활자 크기가 22포인트 미만인 경우에는 7포인트 이상의 활
　　　　자로 표시하여야 한다.
　2) 식품의 유형
　　가) 다음의 식품에 대하여는 식품의 유형을 표시하여야 한다. 다만,
　　　식품의 유형을 제품명이나 제품명의 일부로 사용하였을 때에는
　　　표시하지 아니할 수 있다.
　　(4) 주류
　3) 업소명 및 소재지
　　가) 업종별 업소명 및 소재지의 표시사항은 다음과 같다.
　　(1) 식품등 제조·가공업 : 영업신고 시 신고관청에 제출한 업소명
　　　및 소재지를 표시하여야 한다. 이 경우 업소의 소재지 대신 반품
　　　교환업무를 대표하는 소재지를 표시할 수 있다.
　4) 제조연월일(이하 "제조일"로 표시할 수 있다)
　　가) 표시대상 식품
　　<u>(5) 주류(다만, 맥주, 탁주 및 약주는 제외한다)</u>
　　나) 표시방법
　　(1) 제조일은 "○○년○○월○○일", "○○.○○.○○","○○○○년
　　　○○월○○일" 또는 "○○○○.○○.○○"의 방법으로 주표시면
　　　또는 일괄표시면에 표시하여야 한다.
　　(2) 제조일을 주표시면 또는 일괄표시면에 표시하기가 곤란한 경우
　　　에는 해당위치에 제조일의 표시위치를 명시하여야 한다.
　　다) 표시대상 식품별 세부표시기준
　　<u>(6) 주류 : 제조번호 또는 병입연월일을 표시한 경우에는 제조일자
　　　를 생략할 수 있다.</u>
　5) 유통기한 또는 품질유지기한
　　가) 표시대상 식품 : <u>제조·가공·소분·수입한 식품</u>(자연상태의 농·
　　　임·수산물은 제외한다). 다만, 설탕, 빙과류, 식용얼음, 과자류
　　　중 껌류(소포장 제품에 한한다), 식염과 주류(맥주, 탁주 및 약주
　　　를 제외한다) 및 품질유지기한으로 표시하는 식품은 유통기한 표
　　　시를 생략할 수 있다.
　　나) 표시방법

(1) 유통기한은 "○○년○○월○○일까지", "○○.○○.○○까지", "○○○○년○○월○○일까지" 또는"○○○○.○○.○○까지"로 주표시면 또는 일괄표시면에 표시하여야 한다.
(2) 유통기한을 주표시면 또는 일괄표시면에 표시하기가 곤란한 경우에는 해당위치에 유통기한의 표시위치를 명시하여야 한다.
(4) 제조일을 사용하여 유통기한을 표시하는 경우에는 "제조일로부터 ○○일까지", "제조일로부터 ○○월까지" 또는 "제조일로부터 ○○년까지"로 표시할 수 있다.
다) 세부표시기준
(3) 품질유지기한 대상식품 및 표시방법
 (가) 품질유지기한 대상식품
  ㉠ <u>주류(맥주에 한한다)</u>
(4) 유통기한 또는 품질유지기한의 표시는 사용 또는 보존에 특별한 조건이 필요한 경우 이를 함께 표시하여야 한다. 이 경우 냉동 또는 냉장보관·유통하여야 하는 제품은 『냉동보관』 또는 『냉장보관』<u>으로 표시하여야 한다</u>.
6) 내용량
 가) 내용물의 성상에 따라 중량·용량 또는 개수로 표시하여야 한다. 이 경우 내용물이 고체 또는 반고체일 경우 중량으로, <u>액체일 경우 용량으로</u>, 고체와 액체의 혼합물(직접 음용하지 아니하는 액체를 포함한다)일 경우 중량 또는 용량으로 표시하고, 개수로 표시할 때에는 중량 또는 용량을 괄호 속에 표시하여야 한다.
7) 원재료명 및 함량
 가) 식품에 대한 표시는 다음과 같이 하여야 한다.
(1) 식품의 제조·가공시 사용한 모든 원재료명(최종제품에 남지 않는 정제수는 제외한다. 이하 같다)을 <u>많이 사용한 순서에 따라 표시</u>하여야 한다. 다만, 법 제7조에 따른 「식품의 기준 및 규격」(식품의약품안전청 고시)에서 정한 <u>주원료의 원료명을 우선 표기할 수 있으며</u>, 중량비율로서 2% 미만인 경우에는 함량 순서에 따르지 아니하고 표시할 수 있다.
8) 성분명 및 함량

제품에 직접 첨가하지 아니한 제품에 사용된 원재료중에 함유된 성분명을 표시하고자 할 때에는 그 명칭과 실제 그 제품에 함유된 함량을 중량 또는 용량으로 표시하여야 한다. 다만, 이러한 성분명을 영양소 강조표시에 준하여 표시하고자 하는 때에는 영양소 강조표시 관련 규정을 준용할 수 있다.
9) 영양성분등
　가)~바) 생략
10) 기타 표시사항
　카) 식품위생법 제37조에 따른 품목제조보고를 하고 제조하는 제품은 품목보고번호를 표시하여야 한다.

원산지의 표시기준('농수산물의 원산지표시에 관한 법률 시행령' 별표1)
1. 농수산물
　가. 국산 농수산물
　　1) 국산 농산물: "국산"이나 "국내산" 또는 그 농산물을 생산·채취·사육한 지역의 시·도명이나 시·군·구명을 표시한다.

2장 전통주 양조에 대한 기본이해

1. 들어가는 말

앞에서 하우스막걸리를 제조·판매하기 위한 여러 가지 법적·사실적 요건들을 살펴보았다. 다음에는 어떤 술을 하우스막걸리로 만들어 팔 것인가를 살펴보도록 한다. 어떤 탁주, 어떤 약주, 어떤 청주를 어떻게 만들 것인가? 힘들게 주류제조면허도 받고, 훌륭한 시설·장비를 갖추었다고 해도 정작 고객이 좋아해서 찾는 술이 아니라면 무슨 소용이 있겠는가?

하우스막걸리는 술의 고급화와 다양화에 그 의미가 있다. 기존의 1,000~2,000원짜리 시중 막걸리를 만들어 팔기 위해서 하우스막걸리 사업을 하지는 않을 것이다. 그러려면 내가 만들기보다 도매업자에게 가져다 파는 것이 비용 대비 수익이 훨씬 낫다. 하우스막걸리를 하는 이유는 '나만의 특별한 술을 고급스럽게 빚어' 팔기 위함이다. 그래야 손님들이 그 술을 먹기 위해 경향 각지에서 찾아들 것이다. 그리고 고급술을 만들어 팔아야 1,000원짜리 막걸리를 파는 것보다 수익이 더 많이 남는다. 결국 하우스막걸리를 하면, 좋은 술을 판다는 '보람'과 더 많은 돈을 벌 수 있다는 '현실적 이익'의 두 마리 토끼를 잡을 수 있는 것이다.

그렇다면 나만의 특별하고 고급스런 술을 어떻게 만들 것인가? 그런 술이 있기는 하는가? 그런 술이 있다고 해도 과연 내 실력으로 그런 술을 빚을 수 있겠는가? '나만의 특별하고 고급스런 술'은 우리 전통주에서 찾을 수 있다. 전통주의 개념, 역사, 양조원리에 대해서 우선 알아보자.

2. 전통주의 개념과 역사

(1) 전통주의 개념

전통주, 민속주, 농주, 지역특산주 등 우리 술을 지칭하는 용어들이 많다. 어떻든 현행 법률에는 '전통주'라고 표기되어 있다. '주세법'과 '전통주 등의 산업진흥에 관한 법률'에 따르면 전통주란 앞에서 본 바와 같이 '무형문화재와 식품명인이 빚은 술이나 농어업경영체 및 생산자단체가 우리 농산물을 원료로 하여 빚은 술'을 말한다. 전자를 '민속주'라고 하고, 후자를 '지역특산주'라고 한다.

전통이라 함은 '옛날로부터 내려오는 어떤 양식'을 의미하고, 여기서 '옛날'이란 적어도 일제강점기 이전을 말할 것이다. 일제강점기와 해방 후의 근·현대화 시기를 '옛날'이라고 보기는 어렵다. 그렇다면 전통주란 일제강점기 이전의 술빚기 원료와 방식으로 빚은 술을 의미할 것이다. 즉 전통주는 "쌀과 잡곡등의 곡류와 감자·고구마 등의 서류를 주원료로 하고, 자연에서 접종시킨 전통누룩을 당화제·발효제로 사용하여, 옹기에서 발효시켜 빚은 술"을 말한다.

포도를 발효시킨 '와인'을 전통주라고 할 수 없고, 배양 효모를 사용해서 빚는 서양의 '맥주'와 일본 '사케'류의 청주를 전통주라고 할 수 없다. 그런데 현행 법률에서는 지역에서 생산되는 농산물을 사용하여 빚기만 하면 모두 전통주가 되는 것이다. 외국에서 종자가 수입된 농산물이든 외국의 양조 방식으로 빚든 상관없다. 즉 와인도, 맥주도, 일본식 청주도 그 원료가 우리나라에서 생산되기만 하면 전통주가 될 수 있는 것이다.

이와 같이 법률에서 전통주를 '전통'과 상관없이 규정하게 된 것은, 전통주 진흥의 목적이 농산물을 소비하는 측면에 지나치게 중점을 두고 있기 때문이다. 수입 농산물로 인해 국내 농산물이 넘쳐나고, 그 농산물의 소비가 문제가 되고 있기 때문에, 이를 해결할 방법 중 하나를 전통주에서 찾고 있는 것이다. 물론 이유가 어떠하든 전통주를 진흥하겠다는 자체만으로도 엄청난 발전이고, 전통주의 역사에 한 획을 긋는 것이라고 말할 수 있다.

그러나 이제는 전통주를 농산물 소비처로만 보는 협소한 시야로는 전통주를 살릴 수 없다. 전통주를 농산물 소비처로만 보게 되면, 전통주의 '품격'이나 '역사성'과 상관없이 수입쌀이든 국내산 쌀이든 무조건 많이 빚어 팔기만 하면 최고다. 이러는 와중에 우리의 술에는 '싼 술'이라는 이미지가 붙었고, 비싸고 고급스런 술은 전부 외국의 '와인', '위스키', '브랜디'가 차지하고 있다. '싼 술'조차 막걸리보다는 맥주가 시장을 점령하고 있다.

이제 전통주는 새로운 시각에서 접근해야 한다. 우리 농산물을 소비하는 측면도 중요하지만, 문화·관광 측면에서의 새로운 접근이 필요한 시점이다. 우리 선조들이 천년이 넘는 오랜 세월동안 빚어온 그 훌륭한 술들을 세상에 알리고 국가브랜드로 거듭나기 위해서는 전통주에 대한 문화적 재해석이 절실히 요구된다.

문화의 핵심은 정체성과 다양성이다. 전통주를 복원하고, 나아가 지금의 사람들의 입맛에 맞게 새롭게 개발하는 것이야말로 한민족 공동체의 정체성을 살리는 한 방법이다. 그리고 전통주의 복원·개발이야말로 우리 술의 다양성을 확보할 수 있는 유일한 길이다. 더욱이 문화의 고급화가 요구되는 현 시점에서, 고품질의 우수한 전통주의 발굴·보급이 절실하다. 나아가 우리의 문화는 소중한 관광자원이 될 수 있다.

(2) 전통주의 역사

(가) 삼국시대 - 전통주의 맹아기

우리의 술문화는 역사가 매우 깊다. 삼국시대 이전인 마한(馬韓) 시대부터 맑은 곡주를 빚어 조상께 바치고 춤과 노래와 술마시기를 즐겼다고 한다. 삼국시대 때도 술을 빚어 마시고 모든 행사에 술이 애용되었다. 고구려를 세운 주몽의 건국 신화에는 술에 대한 이야기가 나온다. 즉 '삼국사기'와 '삼국유사'에는 고구려의 시조인 동명성왕(성은 고씨, 이름 주몽)의 탄생설화를 기록하고 있는데, 천체의 아들 해모수가 강의 신 하백의 딸 유화를 술에 취하게 한 후 주몽을 잉태하게 하였다는 것이다.

그리고 백제의 '수수보리'가 일본에 누룩과 술 제조기술을 전해 주었다고 하고, 당나라 풍류객들 사이에는 신라주가 알려졌다고 한다. 특히 신라는 경주 포석정에서 물 위에 술잔을 띄워 술잔이 자기 앞에 오는 동안 시를 짓지 못하면 벌로 술 3잔을 마시는 놀이가 있었다고 한다. 또한 경주 안압지에서는 14면체 주사위 주령구(酒令具)가 출토되었는데, 주령구에는 술과 관련된 다양한 벌칙들(예: 술잔 비우고 크게 웃기, 술 석 잔을 한 번에 마시기, 팔을 구부려 다 마시기 등)이 적혀 있다.

(나) 고려시대 - 전통주의 성장기

　고려시대에는 송나라와 원나라의 양조법이 도입되었고, 전래의 주류양조법이 발전되어 주류제품이 '다양'해졌다. 황금주, 백자주, 송주 등 술의 재료와 특성을 나타내는 술이 나타나기 시작한 것도 이 시기였다. 불교사회였던 고려시대에는 사찰이 국가의 크고 작은 행사에 사용하기 위해 대량으로 술을 빚었다. 옹기 제조기술이 발달한 것도 대량으로 술을 제조하는 데에 도움이 되기도 하였다.
　또한 고려시대에는 증류주가 등장한 것이 특징이다. 증류주는 아랍문화의 하나였는데, 술을 금지하는 아랍문화에서는 향수제조나 공업재료를 만들기 위해 증류법을 개발하였고, 이때 나온 증류주를 알코올이라고 불렀다. 증류법은 몽고를 통해 고려에 전달되었다. 몽고는 고려를 침입한 후 그들의 본당이었던 개성과 전초기지였던 안동, 제주도에서 증류식 소주를 만들어 먹었고, 이들 지역에서는 그들의 증류법을 익혀 몽고군에게 보급하게 되면서 증류주가 발달하였던 것이다(안동소주와 제주도의 고소리술, '고소리'는 소주 고리의 제주도 방언). 이로써 약주, 탁주, 소주라는 우리 술의 기본이 완성되었다.

(다) 조선시대 - 전통주의 전성기

　조선시대의 술의 특징은 '고급화'라고 할 수 있다. 제조원료도 멥쌀에서 찹쌀로 바뀌고, 발효기술도 단양주법(한번 빚는 술)에서 중양주법(두 번 이상 빚는 술)으로 바뀌었다. 조선시대는 삼해주, 이화주, 하향주 등 현재까지 명주로 꼽히는 술이 정착한 시기이기도 하다.

그리고 불교사회였던 고려시대에는 사찰에서 대량으로 술을 제조하였다면, 유고사회인 조선시대에는 집안의 행사나 제례 등에 사용하기 위해 여성들이 소규모로 술을 제조하였다는 점이 특징이다. 가양주문화가 발달한 것이다. 또한 조선시대는 각 지방마다 토속주가 뿌리를 내리게 된 시기이기도 하다. 서울경기의 '삼해주와 약산춘', 충청지방의 '소곡주, 노산춘', 호남지방의 '호산춘과 두견주', 영남지방의 '과하주, 송엽주, 청명주', 평안도 지방의 '벽향주' 등이다.

특히 조선시대에는 옹기로 된 증류전용의 '소줏고리'가 등장하면서 증류주의 유행을 가져왔다. 세종 때에 소주를 마시는 풍조가 성행하기 시작하여 성종 때에는 모든 연회에 소주를 사용하였다고 한다. 조선시대의 소주를 마시는 것은 양반계급의 상징이었던 것이다. 그런데 소주는 이로 인한 폐해도 많아 금주령이 빈번하게 내려질 정도였다. 술, 특히 소주는 곡물의 낭비가 심해 곡물의 안정적 확보를 위해서 금주령이 내려졌으며, 흉년이 드는 해에 금주령이 강하게 발동되었다. 그러나 금주령으로 처벌 받은 사람은 힘없는 백성뿐이었다고 한다.

(라) 전통주의 암흑기

　일제강점기 때는 우리나라를 통치하기 위한 통치자금를 확보하기 수단으로 주세법을 시행하여 술에 세금을 매겼다. 역사 이래 최초로 술이 과세의 대상이 된 것이다. 주세를 걷어들이기 위해 자가양조를 금지함으로써 우리의 전통 가양주 문화가 말살되고, 대규모로 술을 제조하는 양조장이 생겨났다.

　1909년 주세법 발포 당시에는 자가양조를 허용하되 자가용, 판매용을 가리지 않고 무제한 면허제로 하여 해마다 소속 세무서에 신고하게 하였다. 주세 내기가 어려운 전통주는 차츰 그 자취를 감추게 되고, 그래도 밀주가 성행하게 되자 1916년 1월에 일제는 모든 주류를 약주, 탁주, 소주로 획일화시키고, 1917년부터는 주류 제조업의 정비를 시작하면서 자가양조를 전면적으로 금지시켰다. 그리고 각 지방마다 대규모 양조장이 새로이 선정·운영되었다. 1920년을 기점으로 일본식 누룩인 입국이 양조장에 사용되면서 전통주는 단절되었고, 가양주는 밀조 형태로 그 명맥을 이어갈 수밖에 없었다.

　해방 후에도 일제치하의 주세행정이 그대로 이어져, 유명 전통주와 지방 향토주들의 설자리가 없었다. 한국전쟁으로 전통주는 더 피폐해졌고, 박정희 정권하에서는 수입 밀가루의 소비를 위해 식량난과 쌀소비 억제라는 명분을 걸어 막걸리 제조에 쌀을 사용하지 못하게 하였다. 1962년 주세법시행령을 개정하여 쌀 사용량을 70% 이하로 줄이고, 1972년 '양곡관리법'을 통해 쌀 사용을 전면 금지하였다. 그리고 1965년 '양곡관리법'을 제정하여 증류식 소주 제조를 금지한 결과 주정을 물로 희석한 희석식 소주가 확산되었다. 부유층은 맥주와 양주를 소비하고, 서민들은 시큼한 밀가루 막걸리와 쓰디 쓴 희석식 소주를 소비하는 음주문화의 양극화가 생기게 된 것이다.

(마) 전통주의 재건기

1988년 서울올림픽 개최를 계기로 한국을 찾아온 외국인들에게 내놓을 우리의 전통술이 없다는 것을 알고 그동안 잊혀진 전통주 50여 가지가 재현되었다. 그리고 전통주에 관한 각종 규제가 완화되었다.

1991년에 탁주에 최초로 아스파탐 등의 첨가물료가 허용되었다. 1994년에 약주 공급구역 제한제도가 폐지되고, 2001년에 탁주 공급구역 제한제도가 폐지되면서, 무한경쟁시대로 들어갔다. 2010년 '전통주 등 산업진흥에 관한 법률'이 제정되면서, 주세 감경 등과 같은 전통주 진흥을 위한 각종 지원책들이 국가적으로 시행되고 있다. 2008년과 2009년에는 한때 일본에서 막걸리 붐이 일어나 국내에서도 막걸리 소비가 늘어나기도 하였다. 그리고 2016년 2월 5일, 하우스막걸리의 제조·판매를 허용하는 내용의 주세법시행령이 확정·공포되었다.

3. 전통주의 양조원리

(1) 발효

(가) 발효의 개념

'발효'란 미생물이 작용하여 유기물을 분해시켜 유익한 물질을 생산하는 과정을 말한다. 이에 반해 '부패'는 미생물의 작용이라는 점에서는 발효와 같지만, 유해한 물질을 생산한다는 점에서는 발효와 다르다. 전통 발효식품으로는 알코올 발효식품인 전통주가 있고, 젖산발효식품인 김치가 있으며, 초산발효식품인 식초, 아미노산 발효식품인 젓갈류가 있다.

알코올 발효란 당분(포도당)이 미생물(효모)에 의해 알코올과 이산화탄소로 분해되어 알코올을 생성하는 것을 말한다. 따라서 모든 술은 당으로부터 만들어진다.

(나) 알코올 발효의 분류

① **단발효와 복발효**

알코올 발효에는 원료에 함유되어 있는 당을 그대로 발효시키는 '단발효'와, 전분질을 당화시킨 후 다시 알코올 발효시키는 '복발효' 두 가지가 있다. 발효과정만 있는 것이 단발효이고, 당화과정과 발효과정을 모두 갖추고 있는 것이 복발효이다.

〈단발효〉
$$C_6H_{12}O_6(포도당) \rightarrow C_2H_5OH(알코올) + CO_2(탄산가스)$$
[발효]

〈복발효〉
$$C_6H_{10}O_5(전분) + H_2O(물) \rightarrow C_6H_{12}O_6(포도당) \rightarrow C_2H_5OH(알코올) + CO_2(탄산가스)$$
[당화] [발효]

그러면 쌀이나 감자와 같은 전분질 원료의 경우, 알코올 발효시키기 위해서 왜 '당화'라는 별도의 과정을 거쳐야 하는가?

탄수화물은 탄소와 수소의 화합물로서, 탄소(C), 수소(H), 산소(O)로 구성되어 있다. 탄수화물에는 한 단위로 구성된 단당류, 2개의 단당류로 구성된 이당류, 3~10개의 단당류로 구성된 올리고당, 수백 개의 단위로 구성된 다당류가 있다. 단당류에는 포도당과 과당, 갈락토오스가 있고, 이당류에는 유당, 서당, 맥아당이 있으며, 다당류에는 전분(식물성 다당류), 글리코겐(동물성 다당류), 식이섬유가 있다.

이와 같이 전분은 수백 개의 포도당으로 구성된 다당류에 해당하여, 효모가 먹기에는 그 분자구조가 복잡하고 치밀하다. 효모가 먹어야 그 결과물로 알코올이 생성되는데, 효모가 먹기 어려우므로, 먼저 단당류인 포도당으로 잘게 쪼갤 필요가 있는 것이다. 이 과정이 바로 당화과정이다.

② **단행복발효와 병행복발효**

복발효에는 당화과정과 발효과정이 순차적으로 발생하는 단행복발효와 당화과정과 발효과정이 동시에 일어나는 병행복발효가 있다.

대표적인 단행복발효주로는 맥주가 있다. 맥주의 원료인 보리 자체에는 당분이 없기 때문에 우선 맥아(엿기름)에 의해 전분을 당으로 분해해야 한다. 보리를 발아시키면 보리 배유와 종피 사이에 아밀라제라는 당화효소가 생성된다. 발아된 보리를 건조시키고, 건조된 맥아를 자신이 지니고 있는 당화효소로 당화시키는 것이다. 이러한 당화과정이 모두 끝나면 다음 단계로 효모를 첨가하여 알코올 발효를 시킨다. 즉 맥주는 당화과정과 발효과정이 동시에 진행되는 것이 아니라 순차적으로 일어난다[(전분 → 당분) ⇒ (당분 → 알코올)].

이에 반해 우리의 전통 탁·약주는 당화효소에 의해 전분이 당으로 분해되면, 옆에서 대기하고 있던 효모가 바로 당을 분해하여 알코올 발효시킨다. 당화과정과 발효과정이 동시에 진행되는 것이다. 이를 병행복발효라고 한다[(전분 → 당분)+(당분 → 알코올)]. 일본의 청주나 중국의 황주도 병행복발효주이다.

(다) 발효미생물

미생물이란 육안으로는 볼 수 없고 현미경으로 관찰하여야만 볼 수 있는 미세한 생물을 말한다. 미생물의 생육은 수분과 영양분, 온도, 수소이온농도(pH) 등에 크게 좌우되며, 산소를 필요로 하는 호기성균과 전혀 필요로 하지 않는 혐기성균이 있다. 발효미생물

은 발효현상에 직·간접으로 관여하는 미생물의 총칭으로, 곰팡이
(Mold), 효모(Yeast), 세균(Bacterias)이 모두 포함된다.

① 곰팡이

우선 곰팡이에 대해 살펴보면, 국균속(Aspergillus) 곰팡이는 전분당화력과 단백질분해력이 강해서 양조에 널리 이용된다. 여기에는 백국균, 황국균, 흑국균 등이 있다. 거미줄곰팡이(Rhizopus)는 생(生)전분을 분해할 수 있을 정도로 전분당화력이 강하며 회백색이나 회흑갈색을 띤다. 푸른곰팡이(Penicillium)는 청색인 것이 많으며 주조에 해로운 곰팡이다.

곰팡이	발육온도
백국균	35~40℃
황국균	33~38℃(최적 37℃)
흑국균	30~35℃
거미줄곰팡이	25~30℃

곰팡이가 물과 접촉하면, 가수분해효소를 생성한다. 가수분해효소에는 전분을 당화시키는 아밀라제(Amylase), 단백질을 분해하여 아미노산을 생성하는 프로테아제(Protease), 지방에 작용하여 지방산과 글리세린을 생성하는 리파제(Lipase)가 있다.

'효소(Enzyme)'란 생체반응의 촉매역할을 하는 단백질이다. '촉

매'란 어떤 반응에 있어서 그 반응이 잘 진행되도록 도와주는 물질을 말하는데, 효소가 없으면 매우 서서히 진행되는 특정의 화학반응 속도가 효소로 인하여 빨라지는 것이다. 효소는 단백질이기 때문에 지나치게 온도가 높으면 변성되어 촉매활성을 잃는다. 효소가 최고의 활성을 유지할 수 있는 온도를 '최적온도'라고 하고, 최고의 활성을 유지할 수 있는 pH를 '최적 pH'라고 한다. 그리고 효소는 기질특이성을 갖기 때문에, 한 가지 효소는 한 가지의 특정반응만을 촉매한다.

전분이 분해되려면 당화효소(아밀라제)가 있어야 한다. 당화효소에 의해 복잡한 분자구조를 가진 전분이 잘게 쪼개져서 효모가 먹기 쉽게 만들어지는 것이다. 그리고 당화효소는 물이 있어야 활성화되는 가수분해효소이다. 곡류나 서류 등의 전분질 원료를 이용해 술을 빚을 때에, 전분질 원료 자체에 있는 수분만을 이용하여 당화·발효시킬 경우에는 '고체발효'라고 하고, 별도로 물을 섞어 당화·발효시킬 때에는 '액체발효'라고 한다. 중국의 백주(고량주)는 고체발효이고, 우리의 전통 탁·약주는 액체발효이다. 그리고 단백질이 분해되어 나오는 아미노산과 지방이 분해되어 나오는 지방산은 술의 맛과 향을 만들어낸다.

② 효모

효모는 당을 분해하여 알코올 발효시키는 발효제이다. 효모는 단세포로 되어 있고, 그 모양은 원형, 계란형, 타원형 등으로 구별되며, 보통 크기는 5~10μ, 작은 것은 3~4μ이다.

  효모는 야생효모(wild yeast)와 배양효모(culture yeast)로 나뉜다. 야생효모(wild yeast)란 과실표면이나 나무껍질 등의 자연계에 널리 분포하는 효모를 말하고, 배양효모(culture yeast)는 자연계에서 분리한 우수한 효모를 목적에 따라 오랜 동안 길들여 배양한 것을 말한다. 우리의 전통누룩은 자연에서 접종시킨 것이므로 야생효모(wild yeast)가 활착되어 있으나, 대부분의 시중 막걸리와 맥주, 와인, 일본의 사케 등은 배양효모를 사용한다.

③ 세균

  세균은 폭이 1μm 이하의 구형 또는 막대형의 단세포생물로서 분열에 의해 증식한다. 대다수의 세균은 pH가 약알칼리성일 때 증식되고 산에 대해서는 저항력이 약하다. 세균류는 김치, 식초 등의 제조에는 유익한 것도 있지만, 양조에 있어서는 대부분 산패, 변패의 원인이 되므로 조심해야 한다.

  세균 중 젖산균은 발효 초기에 pH의 저하에 의하여 유해세균의 오염을 방지하는 역할을 수행한다. 그러나 젖산균은 술을 산패시키는 원인이 되기도 하므로 발효후기에는 젖산균의 생육이 정지되어야 한다.

(라) 당화 조건과 발효 조건의 차이

앞에서 살펴본 바와 같이 우리의 전통주는 병행복발효주로서, 당화과정과 발효과정이 동시에 진행된다. 그런데 여기에 문제가 있다. 당화 조건과 발효 조건이 일치하지 않기 때문이다. 단발효와 단행복발효에서는 당화 조건과 발효 조건이 일치하지 않더라도 알코올 생성에 영향을 미치지 않는다. 각각의 조건을 최적으로 만들어 주면 되기 때문이다. 그러나 우리는 당화와 발효가 동시에 일어나기 때문에 당화의 최적 조건이 오히려 발효에 장애를 일으킬 수 있고, 발효의 최적 조건이 당화의 최적 조건이 아닐 수 있는 것이다.

당화효소는 단백질이므로 온도의 영향을 많이 받는다. 누룩곰팡이에서 당화효소가 생성되어 당화효소가 활성화되기 위해서는 대체로 50~60℃가 되어야 한다. 물론 저온이나 고온에서 활성화되는 효소일 경우에는 보다 낮은 온도나 높은 온도에서도 당화가 가능하지만, 일반적으로 50~60℃가 적정 온도이다. 그리고 효모의 경우에는 25~30℃에서 왕성하게 활동하고, 35℃가 넘어가면 사멸한다.

첫째, 당화를 위해 온도를 지나치게 높이면 온도 자체로 인해 효모의 활동이 정지되거나 효모가 사멸한다. 또한 온도가 높아 당공급이 빨라지면 농당이 되어 효모활동이 억제된다. 미생물이 생육하는 데에는 수분이 필수적인데, 당의 농도가 높아지면 삼투압 현상이 발생하여 세포내 수분이 밖으로 빠져나가 결국 세포가 죽게 되기 때문이다. 이와 같이 당화를 위해 온도를 지나치게 높이면, 당화는 되었는데 발효가 현저히 저하되고 그 결과 당분이 축적되어 감패현상이 나타난다. 또한 품온이 35℃ 이상으로 상승하면 고온에서 생육가능한 각종 세균의 이상증식에 의해 발효가 저해되어 산패현상이 일어날 수도 있다.

둘째, 효모를 활성화시키기 위해 온도를 낮추면 당화가 잘 이루어지지 않는다. 당화가 안 되면 발효도 잘 안 되고, 젖산균의 활동이 왕성해져 술맛은 시어지고, 알코올 도수는 낮게 된다. 젖산균은 알코올 10%에서는 생육이 완전히 정지되므로, 초기에 발효력을 높여 젖산균의 증식을 막아야 한다. 발효 초기에 발효력이 약해 발효속도가 느려지면 젖산균의 수가 그만큼 많아져서 술맛이 시어지는 것이다.

〈이상발효〉

현상			원인
산패	너무 시다.	초기 발효력 부족	당화↓ 발효↓	초기 당화가 잘 안 되는 원인 → 품온이 낮다. 혼화부족. 호화부족(고두밥이 설익음). 누룩 양 부족. 누룩품질 문제(오래된 누룩)
			당화○ 발효↓	효모의 개체수가 적거나 상태가 안 좋음.
감산패	너무 달고 시다.	당화↑, 발효↓		• 효모의 개체수가 적거나 상태가 안 좋음. • 품온이 높아 당화 속도가 발효 속도보다 지나치게 빠름

이처럼 우리 전통주는 당화과정과 발효과정이 동시에 진행되고, 두 과정의 적정요건이 일치하지 않는 점 때문에 다른 주류의 양조 방식보다 훨씬 까다롭고 어렵다. 와인은 포도를 으깨서 오크통에 넣고, 나머지는 기다리면 된다. 그리고 맥주는 엿기름으로 충분히 당화시킨 후, 내당성이 강한 효모를 이용해 발효시키면 된다. 그러나 우리 전통주는 그렇지 않다. 우리 전통주의 양조 실제에 있어서 당화과정과 발효과정의 불일치를 해결하는 것이 양조기술의 핵심 또는 본질이라고 볼 수 있다.

(2) 밑술과 덧술

(가) 단양주와 중양주

전통주에는 한 번 빚는 단양주와 두 번 이상 빚는 중양주가 있다. 중양주는 다시 두 번 빚는 이양주, 세 번 빚는 삼양주, 네 번 빚는 사양주 … 등으로 나뉜다. 이양주는 밑술 1회, 덧술 1회 빚는 술이고, 삼양주는 밑술 1회, 덧술 2회 빚는 술이다. 삼양주에서 첫 번째 덧술은 두 번째 덧술의 밑술이 된다. 단양주는 밑술 없이 덧술 1회만 빚는 술을 말한다.

그런데 간편하게 한 번만 빚으면 되는데, 두 번 이상 술을 빚을까? 두 번 이상 술을 빚는다는 것은 무슨 의미인가?

(나) 밑술

① 발효와 호흡

왜 밑술을 빚는가? 밑술을 빚는 이유를 알기 위해서는 발효와 호흡에 대해서 먼저 살펴볼 필요가 있다.

a. 산소가 있을 때 (호흡)

$$[C_6H_{10}O_5(전분) + H_2O(물) \rightarrow C_6H_{12}O_6(포도당)]$$
$$[당화]$$

$$C_6H_{12}O_6(포도당) + 6O_2 \rightarrow 6CO_2 + 6H_2O + 674Cal]$$
$$[호흡]$$

효모도 생물이므로 인간과 같이 산소를 먹고 호흡을 하여야 생육·증식한다. 이때 효모가 먹은 포도당은 완전히 이산화탄소와 물로 분해되고 다량의 에너지를 방출한다. 이 에너지를 이용하여 효모가 생활하고 증식하는 것이다.

b. 산소가 없을 때 (발효)

$$[C_6H_{10}O_5(전분) + H_2O(물) \rightarrow C_6H_{12}O_6(포도당) \rightarrow 2C_2H_5OH(알코올) + 2CO_2 + 27Cal(2ATP)]$$
$$[당화] \qquad [발효]$$

효모는 산소가 없으면 혐기성 호흡 또는 발효를 한다. 포도당은 완전히 분해되지 않고 알코올을 만든다. 산소가 없는 곳에서는 생성되는 에너지 효율이 극히 나쁘기 때문에 효모가 살아가기 위해서 열심히 발효를 하여 조금이나마 더 많은 에너지를 얻으려고 노력하게 된다. 이 때문에 결과적으로 알코올을 부지런히 만들어 주는 것이다.

② **밑술의 의의**

밑술을 빚는 이유는, 효모의 개체수를 늘리거나 강한 효모를 만들어 발효력을 높이기 위함이다. 그 결과 발효가 안정적으로 이루어지고, 알코올 도수가 올라가며, 술 양이 많아지고, 술의 맛과 향이 한결 좋아진다.

전통누룩은 자연에서 접종시킨 것으로, 자연상태의 여러 술균이 누룩에 활착하지만, 그 개체수가 적고 힘이 약한 놈도 있고 강한 놈도 있다. 따라서 단양주는 발효력이 약해 신맛이 강하고 나아가 술이 산패될 수도 있다. 그뿐 아니라 알코올 도수는 낮고 술의 양도 많지가 않다. 이런 단양주의 단점을 극복하기 위한 방법으로 우리 선조들은 '밑술'이라는 기술을 도입했던 것이다. 본격적으로 발효에 들어가기에 앞서 밑술을 빚어 효모에 적당한 먹이를 주어 효모의 개체수를 늘렸던 것이다.

그런데 효모의 개체수를 늘리려면, 효모에 적당한 먹이를 줄 뿐만 아니라 산소를 공급해 주어야 한다. 효모도 생물이므로 산소호흡을 하여야 다량의 에너지를 생성하여 생육·증식할 수 있기 때문이다. 따라서 밑술은 엄밀하게 말해 '발효'가 아니라 '호흡'에 해당

한다. 그리고 호흡의 결과 알코올이 생성되는 것이 아니라 물과 탄산가스만 생성되기 때문에 밑술은 엄밀하게 말해 '술'이 아니다. 그러나 실제로는 소량의 알코올이 생성되기도 한다.

③ 밑술의 원료

덧술의 원료로 찹쌀이나 멥쌀 중 한 가지만 사용하거나 두 가지를 섞어 사용할 수 있다. 그러나 밑술의 원료로는 멥쌀만 사용한다. 멥쌀이 찹쌀보다 분해가 잘 일어나 효모가 먹기 쉽기 때문이다.

④ 밑술의 종류

덧술은 일반적으로 고두밥으로 하지만, 밑술은 죽, 떡, 범벅, 고두밥 등 다양하다.

a. 죽으로 빚는 술

죽으로 빚는 밑술은 그 역사가 가장 오래된 방법으로, 당화 속도가 빠르고 적은 양의 누룩으로 술을 빚을 수 있다. 그리고 죽으로 빚는 술은 그 성질이 순하고 빛깔이 맑고 밝다. 대표적인 술로 법주, 석탄향, 송순주 등이 있다.

b. 떡으로 빚는 술

첫째, 밑술을 '개떡'으로 빚는 술이 있는데, 맛과 향이 매우 뛰어난 최고급의 술이다. 쌀 소비량에 비해 얻어지는 술이 매우 적은데, 이는 개떡을 만들 때 쌀가루를 반죽하기 위해 사용되는 물 외에는 거의 사용하지 않기 때문이다. 대표적인 술로는 동정춘이 있다.

둘째, '인절미'로 빚는 술이 있는데, 인절미는 '치는 떡'으로 '찌는 떡'보다 발효가 잘 일어나 감칠맛이 뛰어나다. 대표적인 술로 김천의 과하주가 있다.

셋째, '구멍떡'으로 빚는 술이 있는데, 맛이 달고 향기가 뛰어난 데다 저장성이 좋다. 대표적인 술로 하향주가 있다.

넷째, '물송편'으로 빚는 술은 구멍떡으로 빚는 술과 비슷하지만, 술 빛깔이 더 맑고 깨끗하다. 대표적인 술로 감향주와 삼해주가 있다.

다섯째, '설기떡'으로 빚는 술은 감칠맛이 뛰어나 남녀노소의 기호를 충족시켜 줄 수 있다. 대표적인 술로 방문주가 있다.

c. 범벅으로 빚는 술

죽이나 떡으로 빚는 술은 쌀가루를 완전히 익히지만, 범벅은 쌀가루에 뜨거운 물을 부어 반죽하는 것이기 때문에 쌀가루가 완전히 익지 않고 반만 익는다. 이를 반생반숙(半生半熟)이라고 한다. 범벅으로 밑술을 하게 되면 효모 중 약한 놈은 소화를 시키지 못해 죽어버리고 강한 놈만 살아남는다. 따라서 범벅으로 밑술을 하게 되면 다른 밑술보다 발효력이 강해 발효가 안정적이고, 발효가 잘 돼 알코올 도수가 높고 향기가 강한 술이 된다. 그리고 쌀가루를 덜 익힌 상태이므로 발효기간이 여느 술에 비해 훨씬 길다. 대표적인 술로는 호산춘이 있다.

d. 고두밥으로 빚는 술

마지막으로 밑술을 덧술처럼 고두밥으로 빚는 술이 있는데, 우리의 술 빚기 형태 가운데 가장 나중에 등장했다. 다른 술에 비해 그 풍미가 다소 떨어진다. 대표적인 술로 부의주와 백수환동주가 있다.

⑤ 밑술의 관리

밑술은 효모의 증식에 목적이 있다. 효모가 증식하려면 적정한 온도가 유지되어야 하고, 산소가 공급되어야 한다. 효모가 활성화되는 최적온도는 25℃이고, 효모가 호흡함에 따라 열이 발생하여 항아리 내부 온도, 즉 품온이 올라간다. 이때 외부에 열을 뺏기지 않도록 이불등으로 보쌈을 해주어야 한다. 단 품온이 지나치게 올라가면(35℃ 이상) 효모가 사멸할 수 있으므로, 더 이상 품온이 올라가지 않도록 냉각을 해주면 된다.

그리고 산소가 원활히 공급될 수 있도록 1일 1회 정도 저어주면 된다. 많이 저어주면 오히려 품온을 떨어뜨릴 수 있으므로, 약간만 저어준다.

⑥ **밑술의 감정**

밑술이 잘 되었는지를 알 수 있는 방법으로, 현미경 검사법을 사용한다. 배율 20×40배의 현미경으로 검사해서 잡균이 검출되지 말아야 하고, 효모의 형태가 원형 또는 난형(卵形)이어야 하며, 효모 수는 1㎖당 2억 마리 이상이 존재해야 한다.

육안으로 살펴볼 때, 언제 밑술이 완성되었다고 볼 수 있는가? 효모는 산소가 있으면 포도당을 먹고 증식하며 다량의 물과 탄산가스를 배출한다. 따라서 외관상 보았을 때 물처럼 찰랑찰랑하고, 끓는 모습이 잦아들 때가 밑술이 완성되었다고 볼 수 있다. '술이 끓는다'라고 하는 것은 발효과정에 탄산가스와 열이 발생하기 때문이다. 탄산가스가 많이 발생하는 것은 효모가 활발하게 증식활동을 하고 있는 것이므로, 끓는 것이 잦아질 때를 밑술의 완성시기로 볼 수 있다. 그리고 맛을 보았을 때 단맛이 거의 없어야 하고, 시큼 텁텁해야 한다. 단맛이 남아 있으면 아직 효모의 먹이가 남아 있다는 말이다. 따라서 완성된 밑술에는 약간의 단맛, 신맛, 쓴맛, 떫은 맛이 어우러져 있다.

(3) 덧술

(가) 덧술의 의의

밑술을 통해 효모의 개체수를 늘렸으면, 본격적으로 고두밥을 투입해 알코올 발효를 해야 한다. 이것이 덧술이다. 밑술에 '덧한다'고 해서 덧술이다. 덧술은 앞에서 보았듯이 혐기성 발효다. 효모는 산소가 없으면 살아가기 위한 방편으로 조금이나마 에너지를 얻기 위해 알코올 발효를 한다.

(나) 덧술의 원료

덧술에서는 찹쌀과 멥쌀 모두를 사용한다. 찹쌀만을 사용하든가 멥쌀만을 사용하든가 아니면 두 가지를 적당한 비율로 섞어서 술을 빚기도 한다. 맑은 술을 만들려면 찹쌀만으로 하든가 멥쌀을 섞되 약간만 섞는 것이 좋다. 찹쌀술의 경우 앙금이 서로 엉겨 침전으로 인해 자연여과가 되지만, 멥쌀술은 앙금이 잘 침전이 되지 않고 술에 섞여 있기 때문이다.

그리고 풍미가 있는 술을 빚으려면 찹쌀의 비중을 높이면 되고, 드라이한 맛을 내려면 멥쌀의 비중을 높이면 된다.

(다) 덧술의 종류

밑술의 종류로는 죽, 떡, 범벅, 고두밥 등 다양하지만, 덧술은 일반적으로 고두밥이나 설기떡으로 한다. 고두밥과 설기떡은 죽이나 범벅보다는 들어가는 물의 양이 적기 때문이다. 덧술에서 물의 양이 많으면 발효력이 약해져 젖산균 등에 의해 산패될 가능성이 크다.

(라) 덧술의 관리

① 덧술 시기

밑술 혼화를 한지 3일 후에 덧술을 하면 된다. 예컨대 죽으로 밑술을 했으면 밑술혼화가 끝난 후 24시간 발효를 하고 다시 48시간 후에 덧술을 하면 된다. 떡이나 범벅으로 밑술을 했으면 36시간 밑술발효를 하고, 다시 36시간 후에 덧술을 한다. 고두밥으로 밑술을 했으면 48시간 밑술발효를 하고, 24시간 후에 덧술을 한다.

② 주발효(1차 발효)

덧술 술덧을 넣은 옹기를 항온이 되는 발효실에 넣거나 옹기에 보쌈을 해서 주발효를 한다. 발효의 대부분(70% 정도)이 이 과정에서 이루어지기 때문에 주발효라고 한다. 발효의 최적온도는 25℃ 이므로, 외부 온도를 25℃에 맞춰 놓고 옹기를 이불 등으로 보쌈한다.

보쌈하는 이유는 발효과정에 열이 발생하여 옹기 안의 품온이 올라가는데, 품온이 외부에 뺏기지 않도록 하기 위함이다(여름에는 외부 온도로 인해 품온이 지나치게 올라가는 것을 막기 위함이다).

외부 온도 25℃를 기준으로 했을 때, 품온이 35℃까지 올라가는데에 걸리는 시간은 통상 고두밥의 경우는 48시간, 떡의 경우 36시간, 죽의 경우 24시간 정도이다. 호화도가 높을수록 시간이 짧게 걸린다. 그리고 외부 온도, 물의 양, 누룩의 양 등에 따라 발효시간이 약간씩 달라진다. 외부 온도가 높을수록, 누룩 양이 많을수록 발효시간이 짧아진다. 물 양의 변화에 따른 발효시간을 보면, 처음 물 양이 적을 때에는 발효가 더뎌지다가 차츰 물 양이 많아질수록 발효시간이 짧아지고, 더 많아지면 발효시간이 길어진다.

'술이 끓는다'라고 하는 것은 주로 주발효에서의 현상을 말한다. 발효가 왕성하게 진행될수록 탄산가스의 발생량이 많아져서 술이 끓는 것 같은 소리와 모습을 볼 수 있는 것이다. 물이 많아 술이 위로 괴는 술들은 끓는 모습이나 소리가 확연한데, 물이 적어 술이 밑으로 괴는 술들은 상대적으로 약하다.

이와 같이 주발효에서 품온을 끌어올리는 이유는, 첫째, 숙취를 일으키는 화합물을 날려 보내기 위한 것이고, 둘째, 후발효시 저온발효에 대비하기 위한 것이다. 저온발효에서는 발효가 잘 일어나지 않기 때문에, 미리 주발효에서 발효를 시키는 것이다. 주발효없이 저온발효로 들어가면 저온에 강한 당화효소나 효모를 쓰지 않는 이상 발효력이 약해 술이 산패될 가능성이 크다.

③ 냉각

주발효에서 품온이 올라가면 지나치게 올라가지 않도록 적절한 조치를 취해야 한다. 효모는 35℃를 넘어가면 사멸하기 때문이다. 따라서 외부 온도 25℃를 기준으로, 발효시간이 고두밥의 경우 48시간, 떡의 경우 36시간, 죽의 경우 24시간 정도가 지났을 때 냉각에 들어간다. 보쌈했던 이불과 항아리 뚜껑, 면보를 벗긴 후, 항아리 내부를 막대기둥으로 휘저어 품온을 떨어뜨린다. 선풍기 바람을 씌우거나 냉장고나 냉장실에 넣어 냉각해도 된다.

　이와 같이 냉각하는 이유는 앞에서 말한 바와 같이 품온이 지나치게 올라가는 것을 막을 뿐만 아니라 효모가 약해지면서 젖산균의 활동이 왕성해지는 것을 차단하기 위함이다.

④ 후발효(2차 발효)

　냉각을 통해 품온이 떨어지면, 후발효에 들어간다. 후발효는 주발효보다 낮은 온도에서 발효시키는 것을 말한다. 18~22℃ 정도가 적당하다. 온도가 낮을수록, 술덧의 양이 많을수록, 물 양이 적을수록 발효기간이 오래 걸린다. 1개월에서 많게는 3개월까지 걸리기도 한다. 주발효는 주로 알코올 생성기간이라고 보면 되고, 술의 맛과 향은 후발효에서 결정된다. 후발효가 끝나면 술을 체에 걸러 1~2개월 정도의 숙성에 들어간다.

(마) 덧술의 감정

　덧술은 완전발효가 되면, 술에서 향긋한 과일향이 난다. 더 이상 탄산가스가 발생하지 않기 때문에 메운 탄산냄새는 사라지고 사과향이나 파인애플향 같은 과일향이 나는 것이다. 그리고 탄산가스가 발생하지 않으므로, 성냥불이나 라이터 불을 술독 안에 갖다 대었을 때 불꽃이 꺼지거나 흔들리지 않고 곱게 올라온다(이 방법은 항아리 뚜껑을 연후에 바로 시행해야지, 시간이 지나면 항아리 안에 공기가 들어가 쓸모가 없어진다).

그리고 물이 적은 술은 술이 위에 고이는 것이 살짝 보인다. 밥알에서 전분이 분해되고 탄산이 빠져나오면서 삭은 밥알은 밑으로 가라앉고 술이 위로 올라오기 때문이다. 물이 많은 술은 밥알이 위로 떠올랐다가 가라앉는 시점이 발효가 끝난 시점이다. 발효가 진행되면 밥알에 탄산가스가 차면서 위로 떠오르는데, 발효가 끝나면 탄산이 빠지면서 다시 밑으로 가라앉는 것이다.

밥알을 비벼서 식혜밥알처럼 잘 삭아 있으면 발효가 완료된 것으로 볼 수 있다. 밥알이 잘 삭아있으면 천에 넣어서 술을 걸러도 술짜기가 쉽고 잘 걸러진다. 술지게미도 적게 나온다.

(3) 전통주의 원료

(가) 주재료 – 전분질 원료

전통 탁·약주에 사용되는 원료의 종류에는 전분질을 함유하는 곡류와 서류가 있다. 곡류에는 멥쌀, 찹쌀, 기장, 수수, 조, 보리, 밀 등이 있고, 서류에는 감자, 고구마 등이 있다. 전통주의 원료로는 주로 멥쌀과 찹쌀을 사용하고, 옛날에 쌀을 재배하기 어려운 지역에서는 잡곡이나 감자 등을 사용하여 술을 빚었다.

① 쌀의 품종

세계적으로 널리 재배되고 있는 쌀의 품종은 인디카 형과 자포니카 형의 두 가지로 대별된다. 자포니카 형은 길이가 짧고 둥글며, 인디카 형은 가늘고 길다. 우리나라에서는 일반미라 불리우는 추청, 동진, 일품 등의 자포니카 형 벼가 주로 재배되고 있다. 인디카 형은 자포니카 형에 비해 아밀로오스 함량이 많아 푸석푸석하고 단단한 데 반해, 자포니카 형은 찰기가 있다.

② 쌀의 성분

볍씨로부터 외피(왕겨)를 벗겨낸 것이 현미이고, 현미에서 쌀겨와 배아를 제거한 것이 백미이다. 현미는 발아하여 눈이 되는 배아부와 쌀의 대부분을 차지하는 배유부로 나뉜다. 배유부는 과피와 종피로 덮여 있고, 그 내부에 호분층과 전분저장 조직인 배유로 구성되어 있다. 호분층에 단백질, 지방, 비타민 등이 많이 함유되어 있다. 일반 주식용 쌀은 배아와 과피, 종피, 호분층을 제거한 것이며, 현미의 약 92% 정도가 된다(10분도미. 1분도가 0.8%를 제거).

쌀의 성분을 보면, 수분(14~15%), 전분(현미 73~74%, 백미 77%), 단백질(현미 7~8%, 백미 4~6%), 지방(현미 3%, 백미 1~2%)으로 구성되어 있다.

③ 양조용 쌀

쌀은 탁·약주의 중요한 원료로서 쌀의 품질이 주질에 미치는 영향은 매우 크다고 할 수 있다. 일본에는 양조전용 쌀이 있으나, 우리나라는 일부를 제외하고는 아직까지 양조전용 쌀이 없다. 일본의 양조전용 쌀은 중심부에 심백(心白)이 많이 뭉쳐 있다. 그러나 우리는 일반 주식으로 사용하는 쌀을 양조용으로 이용하며, 심백이 없고 투명하다. 심백은 쌀 중심부에 불투명한 백색으로 되어 있는 부분을 말하는데, 이는 전분립이 엉성하게 뭉쳐있기 때문이다.

일반적으로 양조용으로 적합한 쌀은 쌀알이 굵고 흡수성이 좋으며, 증자가 용이하며, 발효 중 용해 당화가 양호하고, 단백질 및 지방의 함량이 적어야 한다. 그런데 도정을 많이 해서 단백질 및 지방 함량을 낮추는 것이 무조건 좋은 것은 아니다.

단순·깔끔한 맛과 향을 좋아하는 일본은 쌀의 심백을 높여 전분만으로 술을 빚지만, 우리는 술의 맛과 향이 깊고 풍부하기 때문에 어느 정도의 단백질과 지방이 필요하다. 단백질은 과도하면 누룩 곰팡이나 효모의 생육을 급격하게 촉진해 균형을 깨뜨려 잡미 성분을 생성하지만, 반면에 효소에 의해 아미노산으로 분해되어 효모생육에 필요한 영양원으로 작용하고, 향기 성분을 만들어낸다.

④ 멥쌀과 찹쌀

전분에는 아밀로오스와 아밀로펙틴의 두 종류가 있는데, 모두 포도당으로 구성되어 있으나, 배열은 서로 다르다. 아밀로오스는 포도당이 직쇄형을 이루어 전분구조가 치밀하다. 물에 잘 녹고 당화가 쉽다. 호화는 잘 안 되지만 호화된 후에는 분해가 잘된다.

호화(糊化)란 전분을 열에 익히는 것을 말한다. 호화(糊化)의 사전적 의미는 '풀처럼 되는 것'이다. 전분을 익히면 풀처럼 되기 때문에 이를 호화(α-전분화)라고 하고, 식으면 다시 굳어져서 원래의 베타전분으로 돌아가는데 이를 '노화(β-전분화)'라고 한다.

반면에, 아밀로펙틴은 나뭇가지처럼 분지형을 이루어 전분구조가 엉성하게 얽혀 있다. 물에 잘 녹지 않고 당화가 어렵다. 호화는 잘 되지만 분해가 잘 안 된다.

찹쌀은 대부분 아밀로펙틴으로 구성되어 있으나(아밀로펙틴 96~100%, 아밀로오스 0~4%), 멥쌀은 아밀로펙틴 70~80%, 아밀로오스 20~30%로 구성되어 있다. 찹쌀은 수분흡수율이 높고 호화가 잘 되기 때문에 쌀을 불리거나 찌는데 멥쌀보다 시간이 짧게 걸린다. 그러나 찹쌀은 서로 엉겨 있어 분해가 잘 되지 않아 밑술용으로는 부적합하다. 멥쌀은 전분구조가 치밀하여 수분흡수율이 낮고 호화가 잘 안 되므로, 물에 불리고 찌는 시간이 찹쌀보다 오래 걸린다. 분해가 잘 되므로 밑술용으로 적합하다.

삼국시대에는 쌀이 귀해 쌀보다는 잡곡을 양조원료로 많이 사용하였고, 고려시대에는 멥쌀의 사용이 커졌으며, 조선시대에는 술이 고급화되면서 멥쌀보다 찹쌀을 많이 사용하였다.

⑤ 고미, 팽화미, 설갱미

a. 고미(古米)

쌀을 저장해두면 고미화(古米化)가 일어나 쌀의 생명력이 약화되어 발아력이 저하된다. 그리고 조직이 경화되며 지방이 산화하여 고미취의 원인물질이 증가한다. 효모의 발효를 왕성하게 하는 칼륨이 저장기간 중에 쌀알 내부로 이동하기 때문에, 고미를 사용하여 술을 빚으면 자칫 발효가 왕성하여 쌉쌀한 술이 되기 쉽다. 따라서 가능한 한 햅쌀을 사용하는 것이 좋다.

b. 팽화미(α-米)

팽화미(膨化米)란 쌀을 가열하여 전분을 알파화(α化)시켜 저장 가능하도록 가공한 것을 말한다. 쌀을 고온고압으로 유지하다가 상온상압으로 급격히 조절하면 내부의 수증기가 급격히 팽창하여 다공질이 된다. 전분이 호화된 상태이므로 별도의 호화과정을 거칠 필요가 없다. 일반적으로 쌀을 증자한 채로 방치해 두면 호화(α-전분화)시킨 전분이 노화(β-전분화)하게 되는데, 쌀을 가열해서 수분을 제거하면 호화된 상태를 유지한다.

팽화미는 원료처리 공정의 간소화, 세미 폐수의 절감 등의 장점이 있어, 일반 시중 막걸리 제조장에서 최근에 사용량이 늘고 있다.

c. 설갱미

설갱미는 일종의 양조용 쌀이라고 말할 수 있다. 쌀알이 전체적으로 전분립이 조밀하게 채워지지 않아 쌀알 전체가 심백과 같이 희고 불투명하다. 흡수성이 양호하고 효소분해가 잘된다. 호화과정을 거치지 않고 생전분을 바로 당화·발효시키는 막걸리 제조장에서 많이 사용한다.

(나) 부재료

①부재료의 종류

우리 술에는 쌀등의 전분질 원료를 주재료로 하면서도, 주위에서 쉽게 구할 수 있는 초근목피 등을 구해 부재료로 넣어서 술을 빚었다. 부재료로는 주로 식물을 사용했으며, 식물의 열매(예: 복분자주), 나뭇가지(예: 송절주), 꽃(예: 두견주, 국화주), 뿌리(예: 인삼주, 더덕술), 잎(예: 송순주, 창포주, 연엽주) 등 거의 모든 부분을 술의 원료로 사용했다.

②부재료를 넣는 이유

술에 부재료를 넣는 이유는 가향(加香)과 약용(藥用)에 있다. 그 중 어느 하나를 목적으로 하는 경우도 있고, 가향과 약용 두 가지의 효과를 내고자 하는 술도 있다. 주로 꽃을 부재료로 사용할 경우에는 가향이 목적이고, 약재를 부재료로 사용할 경우에는 약용이 목적이다.

③가향재 이용법

가향재를 이용한 술은 꽃을 이용한 절기주(매화주, 도화주, 두견주, 국화주 등)에서 많이 찾아볼 수 있다. 이용 방식에는 생것을 넣는 방식, 건조시킨 것을 넣는 방식, 혼합 방식이 있다. 생것을 넣는 방식은 특히 강한 향기의 가향주를 얻을 수 있으나, 재료가 갖고 있는 수분으로 인해 변패가 일어나기 쉽다. 진달래꽃은 활짝 핀 것을 사용하고, 기타 꽃들은 막 피었거나 반쯤 핀 것을 사용한다. 진달래꽃은 꽃술에 독성분이 있으므로 꽃술을 떼어내고 술을 빚어야 한다.

투입 방식으로는 술을 버무릴 때 직접 넣는 방식이 있고, 주머니에 담아 술독 안에 메달아 놓는 방식이 있다. 술에 직접 넣을 때에는 술덧 위에 꽃잎을 흩뿌려놓고, 그 위에 같은 방법으로 몇 층을 만들어서 담그면 된다.

④ 약재 이용법

약재를 부재료로 사용할 경우에는, 첫째, 발효주의 경우 ① 약재를 끓인 탕약을 밑술에 사용하는 방식 ② 약재를 고두밥과 함께 쪄서 사용하는 방식 ③ 약재를 술 재료(주로 덧술)에 직접 혼합하는 방식 등이 있다. 둘째, 증류주의 경우에는 증류소주에 약재를 침전시켜 숙성시키는 방식이 있으며, 셋째, 과하주의 경우에는 발효중인 술독에 약재를 고아 만든 증류식 소주를 부어 숙성시키는 방식 등이 있다.(과하주過夏酒는 발효주의 발효중에 증류주를 섞어 알코올 도수를 높인 혼양주를 말한다.)

그리고 약재를 투입할 때, 약효를 얻을 목적일 경우에는 편으로 얇게 썰어 사용하는 것이 효과적이다. 반면에 향을 얻기 위해서는 통째로 사용하거나 몇 조각을 내어 사용하는 것이 효과적이다.

(다) 물

① 유효성분과 유해성분

　물은 탁주와 약주의 80% 이상을 차지하여 술의 품질에 중요한 영향을 미친다. 물에는 유효성분과 유해성분이 있다.

　유효성분으로는 칼륨, 마그네슘, 칼슘, 염소 등이 있다. 칼륨과 마그네슘 등의 무기질은 미생물의 생육과 발효에 필수적이고, 칼슘과 염소는 효소의 추출과 안정화에 기여한다. 그러나 이러한 유효성분도 적당량 함유하고 있어야 한다. 함유량이 많으면 뒤에서 보는 바와 같이 경도가 높게 된다.

　유해성분으로는 철, 망간, 구리 등의 중금속과 아질산, 암모니아 등이 있다. 철은 술의 맛을 쓰게 하고 갈변현상을 일으킨다. 철이 미생물 생육에 미량 필요하지만 원료 쌀에 함유되어 있는 정도로 충분하다. 구리는 술의 혼탁을 유발할 수 있고, 암모니아와 아질산은 직접 부정적인 영향을 주지는 않지만 취수원의 오염척도가 된다.

　그렇다면 일일이 이를 점검해야 하는가? 그럴 필요는 없다. 현재 탁주와 약주 제조에 사용하는 양조용수인 상수와 수질기준에 적합한 지하수는 양조용수로서의 조건을 구비하고 있다고 보면 된다. 지하수의 경우 6개월마다 수질검사를 받아야 하는데, 50여 가지의 수질검사항목에 적합판정을 받아야 한다. 이 정도의 엄격한 기준을 통과하면 양조용수로 충분하다고 할 수 있다.

　그리고 양조용수로 사용할 경우에는 탕수(湯水), 즉 끓인 물을 식혀서 사용해야 한다. 세균 등의 유기물에 의한 오염가능성이 있기 때문이다.

② 경도

물은 연수와 경수로 나눌 수 있다. 연수는 '단물'을 말하고, 석회성분이나 다른 광물질이 적게 들어가 있는 물이다. 경수는 '센물'을 말하고, 칼슘과 마그네슘이온이 연수에 비해 상대적으로 많다. 일반적으로 경도가 높으면 발효를 촉진하는 칼슘과 마그네슘 함량이 높아 발효 초기에 발효속도가 지나치게 빨라진다. 그 결과 주질이 거칠어지고 매운맛을 나타낸다. 반대로 경도가 낮으면 발효속도가 완만해져 주질이 부드럽고 감미가 있다. 따라서 일반적으로 연수가 맛이 좋다고 볼 수 있다.

석회암지대가 많은 유럽이나 중국에서 차문화와 증류주가 발달한 것은 물이 경수이기 때문이다. 경수는 날물로 먹기에는 좋지 않기 때문에 물 대신 차를 마시는 문화가 발달했다. 그리고 경수는 발효주에는 적합지 않기 때문에 발효주 보다는 증류주(위스키, 브랜디, 고량주)가 발달했고, 발효주의 경우도 물맛이 그대로 드러나지 않는 '와인'이나 홉을 넣은 '맥주'가 발달했던 것이다.

③ 쌀과 물의 비율

전통 탁·약주를 빚을 때, 어느 정도의 물을 넣어야 할 것인지가 문제된다. 전통문헌에 나오는 발효주의 쌀과 물의 비율을 비교하면 다음 표와 같다.

술 종류	전체 쌀 양 : 전체 물 양	술 종류	전체 쌀 양 : 전체 물 양
약주	쌀 6.4kg, 물 11ℓ 쌀 양 : 물 양 = 1 : 1.7	호산춘	쌀 9.6kg, 물 4.9ℓ 쌀 양 : 물 양 = 1 : 0.5
송순주	쌀 6.4kg, 물 7.2ℓ 쌀 양 : 물 양 = 1 : 0.8	석탄향	쌀 9.6kg, 물 10.8ℓ 쌀 양 : 물 양 = 1 : 1.1
감향주	쌀 8.8kg, 물 0.7ℓ 쌀 양 : 물 양 = 1 : 0.08	집성향	쌀 12kg, 물 18ℓ 쌀 양 : 물 양 = 1 : 1.5
하향주	쌀 8.8kg, 물 0.7ℓ 쌀 양 : 물 양 = 1 : 0.08	법주	쌀 26.4kg, 물 22ℓ 쌀 양 : 물 양 = 1 : 0.8
방문주	쌀 8.8kg, 물 9ℓ 쌀 양 : 물 양 = 1 : 1	벽향주	쌀 9.6kg, 물 10.8ℓ 쌀 양 : 물 양 = 1 : 1.1
당백화주	쌀 24kg, 물 54ℓ 쌀 양 : 물 양 = 1 : 2.2	동정춘	쌀 8.8kg, 물 1ℓ 쌀 양 : 물 양 = 1 : 0.1

물의 양은 술맛과 알코올 도수에 영향을 미친다. 물의 양이 적을수록 술이 달다. 물 양이 적으면 술덧의 당도가 높아지고, 효모는 내당성이 약하기 때문에 발효력이 약해져 알코올 발효가 잘 안 되고 잔당이 남아 술이 달게 된다. 알코올 도수도 낮아진다. 물의 양이 많으면 술덧의 당도가 낮아지면서 발효가 잘 돼 잔당이 없어져 술맛이 드라이하고, 알코올 도수는 높아간다. 그런데 물의 양이 지나치게 많으면 다시 발효력이 약해져 술이 시어지고 알코올 도수는 내려간다.

옛날에는 물 양이 적을수록 고급술이었다. 옛날에는 당을 섭취

할 수 있는 기회가 흔치 않았으므로 단술일수록 고급술이었던 것이다. 그러나 오늘날 사람들의 입맛은 옛날과 같지 않으므로, 물 양을 옛날처럼 맞출 필요는 없다.

대략 이양주를 기준으로 했을 때, 전체 쌀의 양(밑술 쌀 양+덧술 쌀 양) 대비 전체 물의 양이 1 : 1 정도가 적당하다고 할 것이다(단양주의 경우에는 발효력이 약하므로 물 양을 이보다 줄여야 한다). 전체 쌀 양 : 전체 물 양 = 1 : 1을 기준으로 해서 술을 빚어본 후, 차츰 비율을 변화시켜서 술을 빚어보는 것도 한 방법이다. 그래서 자신에게 가장 알맞은 술맛과 알코올 도수를 내는 비율을 찾으면 된다.

(4) 누룩

(가) 누룩의 정의

누룩은 우리나라 전통의 술 발효제이다. 술의 주원료인 전분질을 분해·당화시켜 포도당으로 만드는 효소원이면서, 포도당을 알코올 발효시키는 발효원이기도 한 것이다. 누룩은 '색이 누렇다', 또는 '꾹꾹 누른다'라고 해서 누룩이라고 한다.

누룩을 띄우면 처음에는 젖산균이 활착하여 잡균을 방지한다. 잡균들은 내산성이 없으므로 생육할 수 없다. 전분에 수분이 들어갔는데도 부패하지 않는 이유는 젖산균이 선점하여 젖산을 분비하기 때문이다. 다음에 당화효소를 생성하는 누룩곰팡이가 생겨나고, 마지막으로 발효제인 효모가 활착한다. 이때 열이 발생하고 수분이 증발하여 누룩이 돌처럼 단단해진다.

 누룩을 띄우는 초기에는 누룩 내부에 공기가 어느 정도 존재하여 호기성인 곰팡이의 증식이 진행되다가, 곧 내부의 산소가 모두 소비되면 내부는 공기가 없는 혐기적 상태로 바뀌고 혐기성 미생물인 효모의 증식이 진행되는 것이다.

(나) 곡(麯)과 국(麴)

 곡(麯)은 미생물이 자연 접종되어 증식된 경우를 말하고, 국(麴)은 미생물이 인공적으로 배양·육성된 것을 말한다. 즉 곡(麯)은 자연상태의 누룩곰팡이와 효모균, 젖산균 등의 미생물이 공기나 원료, 누룩 띄울 때 사용하는 초재(草材)에서 자연적으로 접종되어 증식된 것을 말한다. 이에 반해 국(麴)은 살균한 배지에 특정의 곰팡이균을 인공적으로 접종하여 원하는 미생물만을 집중적으로 배양·육성한 것을 말한다(박록담, '버선발로 디딘 누룩').

 우리의 전통누룩은 자연접종한 것으로, 곡(麯) 또는 곡자(麯子)라고 한다. 곡자(麯子)라고 하는 이유는 당화제뿐만 아니라 발효제인 효모가 들어가 있기 때문이다. '子'는 술 씨앗으로 효모를 의미한다.

 국(麴)은 일본의 양조 방식에서 유래한 '입국(粒麴)' 또는 '개량누룩'을 가리킨다. 국(麴)에는 당화제인 효소만이 있다. 국(麴)은 찐 쌀알에 종국(곰팡이 씨앗)을 파종해서 곰팡이(입국)를 배양하는데, 쌀알을 찌는 과정에서 미생물이 파괴되어 효모가 없는 것이다. 따라서 국으로 술을 빚을 때에는 발효제인 효모와 젖산을 별도로 투입해주어야 한다.

곡자(麯子)는 생전분을 원료로 하여 자연상태에서 띄우기 때문에 자연환경 중에 존재하는 다양한 종류의 미생물 조성을 볼 수 있다. 그러나 국(麴)은 살균한 곡류에 순수 배양한 미생물을 살포하여 만들기 때문에 미생물 조성이 매우 단순하다.

이와 같이 전통누룩인 곡자(麯子)로 빚은 술은 자연의 여러 균들이 접종하기 때문에 맛과 향이 깊고 풍부한 장점이 있지만, 당화력이나 발효력이 상대적으로 약해 실패율이 높다. 반면 국(麴)으로 빚은 술은 배양된 균을 투입한 것이므로 발효가 안정적으로 이루어져 실패율이 거의 없다는 장점이 있으나, 맛과 향이 다양하지 못하고 획일적이다.

(다) 누룩의 종류

① 재료에 따른 구분

누룩은 재료가 밀이면 밀 누룩, 쌀이면 쌀누룩, 보리를 사용하면 보리누룩, 녹두를 사용하면 녹두누룩이라고 하였다. 밀 누룩이 가장 보편적으로 사용되었고, 쌀누룩과 보리누룩, 녹두누룩은 일종의 특수누룩에 해당한다.

밀은 글루텐을 함유하고 있어 점도가 높고 수분증발이 천천히 일어나 누룩곰팡이가 많이 발생하기 때문에 밀 누룩을 많이 사용했던 것이다. 밀 누룩에는 밀가루 100%로 띄운 '분곡(粉麴)', 밀가루와 밀기울(밀껍질)을 섞어 띄운 '조곡(粗麴)', 밀기울만으로 띄운 막누룩(섭누룩)이 있다.

  분곡은 술 빛깔이 맑고 깨끗한 장점이 있으나 신맛이 두드러진다는 단점이 있다. 신맛을 떨어뜨리기 위해 물 양보다 쌀 양을 훨씬 많이 잡아 술을 빚는다. 조곡은 술빛깔이 호박색을 띠고 향이 좋아, 일반적으로 조곡을 많이 이용한다. 막누룩은 술 빛깔이 검고 독하며 향이 강하다. 막누룩으로 빚은 술이 향이 강한 이유는, 밀기울에 많은 단백질이 단백질 분해효소(프로티아제)에 의해 분해되어 아미노산이 생성되고 아미노산이 효모에 의해 분해되면서 '술향'을 만들어내기 때문이다.

  쌀은 밀에 비해 점도가 낮아, 쌀누룩은 밀 누룩처럼 크게 성형하기가 쉽지 않다. 따라서 쌀누룩은 대부분 주먹크기로 손으로 뭉쳐 만들었다. 이화곡이 대표적이다. 점도를 높이기 위해 쌀가루에 녹두가루를 첨가해서 만들기도 하는데, 여기에 해당하는 누룩으로는 백수환동곡이 있다. 또한 녹두는 열을 내리는 기능을 해서, 여름철에 술이 과발효되는 것을 방지하기 위해 여름철 술빚기에 녹두가 들어간 누룩을 사용하기도 했다.

〈특수누룩〉

이름	특징
분곡 (粉麴)	밀가루 누룩으로, 밀가루는 글루텐 함량이 제일 적은 박력분을 사용한다. 밀가루에 물을 뿌려가면서 버무린 뒤 체로 내려 성형한다.
향온곡 (香醞麴)	녹두누룩으로, 껍질을 벗긴 녹두를 물에 불린 후 믹서에 갈아 즙액만을 사용해서 통밀가루와 섞어 성형한다.
이화곡 (梨花麴)	이화주에 사용되는 누룩으로, 배꽃이 필 때 빚는다고 해서 '이화주'라고 한다. 멥쌀만을 원료로 하고, 손으로 만들기 때문에 접착력이 떨어진다. 그 결과 수분증발이 용이하여 누룩곰팡이 증식이 잘 안돼, 당화력과 발효력이 떨어지고 알코올 도수도 낮다.
죽곡 (粥麴)	반죽할 때 물 대신 죽을 사용하는 누룩이다. 점도를 증가시키기 위해 죽을 사용하고, 교동법주와 같은 장기 저온발효주에 사용된다.
백수환동주곡 (白首還童酒麴)	쌀을 원료로 하는 누룩이고, 쌀가루의 접착력을 높이기 위해서 녹두를 첨가한다. 쪄서 식힌 녹두와 쌀가루를 섞어 절구에 쪄서 성형한다. 백수환동주를 빚는 데에 사용한다.
금경로곡 (金莖露麴)	금경로주를 빚는 데 사용되는 누룩이다. 밀가루, 생녹두가루, 찹쌀가루를 섞어 만든다. 금경로주는 증류주로서, 생녹두로 만든 누룩을 이용한 술은 비린내가 많이 나 증류해서 마신다.
정화곡 (精華麴)	생강을 이용한 누룩으로, 발효가 끝난 후에 생강특유의 강한 향기와 매운맛이 느낄 수 있다. 밀가루에 생강즙을 섞어 반죽·성형한다.
양능곡 (襄陵麴)	천초와 꿀을 이용한 누룩이다. 천초는 꼭두서니과 열매로, 성질이 매우 뜨겁고 맵다. 밀가루, 찹쌀가루에 꿀과 천초를 섞어 반죽·성형한다.
오메기곡	오메기술에 사용하는 누룩이다. 오메기술은 찰좁쌀가루로 구멍떡을 만들고, 여기에 오메기곡을 넣어서 발효시키는 단양주이다. 오메기곡은 통보리가루와 밀가루를 섞어 반죽·성형한다.

이름	특징
설향곡 (雪香麯)	찹쌀가루와 밀가루, 이미 만들어 놓은 분곡을 섞어 반죽·성형한다. "누룩 빛깔이 눈처럼 하얗고 독특한 향기가 있다." (임원십육지)
백주곡 (白酒麯)	백주에 사용되는 특수누룩으로, 당귀, 축사, 목향 등 여러 한약재와 찹쌀가루, 여뀌즙을 섞어 반죽·성형한다. 도수가 낮아 여름철 탁주용 누룩이다.

② 성상에 따른 구분

누룩은 성상에 따라 병곡(餠麯)과 산곡(散麯)으로 나뉜다. 병곡은 떡 누룩이라고 하는데, 빻은 원료에 물을 혼합해 뭉쳐 덩어리 형태로 만든 누룩을 말한다. 산곡은 흩임 누룩으로, 곡물을 뭉치지 않고 낱알 흩여 만드는 누룩이다. 중국이 떡 누룩, 일본이 흩임 누룩으로 발전해 왔다면, 한국은 두 방법을 모두 사용하다가 주로 떡누룩으로 발전하였다.

③ 만든 시기에 따른 구분

누룩은 만드는 시기에 따라서, 봄(1~3월)에 만들면 춘곡, 여름(4~6월)에 만들면 하곡, 가을(7~9월)에 만들면 추곡, 겨울(10~12월)에 만들면 동곡이라고 하였다. 옛날에 누룩제조는 곰팡이를 자연적으로 번식시키기 위해 고온다습한 여름철을 주로 이용했는데, 초복 후가 가장 좋으며 중복 후, 말복 전은 그 다음의 절기라 하였다. 그러나 지금은 실내의 온도와 습도를 제어할 수 있으므로, 어느 때가 반드시 더 좋다라고 단정 짓기 곤란하다.

(라) 누룩고리와 누룩의 두께

① 누룩고리

병국(떡 누룩)을 만들 때에는 누룩틀('누룩고리'라고도 함)을 사용한다. 누룩고리의 모양에 따라 누룩의 모양이 달라지는데, 누룩고리에는 원통형과 사각형이 있다.

누룩고리는 나무로 만든 것이 대부분이며, 대리석과 돌과 같은 석재로도 만든 석재 누룩고리도 있고, 쇠 주물로 만든 누룩고리도 있다. 가정이나 소규모로 제조할 때에는 송판자 위에 칡덩굴이나 새끼줄로 둥글게 말아 사용하기도 하였다. 누룩고리 없이 천에 넣어 발로 밟아 만드는 누룩도 있다.

② 누룩의 두께

누룩의 두께가 너무 두꺼우면 수분을 발산하지 못해 썩어버리거나 검은곰팡이가 지나치게 많이 껴서 술에서 좋지 않은 향이 생긴다. 너무 얇으면 수분이 빨리 증발하고 그 결과 누룩곰팡이가 적게 생겨 당화력이 떨어진다. 따라서 누룩 두께가 두꺼우면 수분을 적게, 누룩 두께가 얇으면 수분을 많이 잡아야 한다.

(마) 누룩의 부재료

누룩을 띄울 때 다양한 부재료를 사용한다. 이는 부재료에 붙어 있는 균을 직접 누룩에 접종시키는 역할을 수행할 뿐만 아니라 공기가 통하지 않아 바닥에 수분이 고이는 것을 방지하기 위함이기도 하다.

첫째, 깔개 또는 덮개로 쓰는 부재료가 있다. 누룩밑에 깔개 또는 덮개로는 볏짚, 쑥, 솔잎, 대마 등을 사용한다. 둘째, 누룩을 싸는 부재료가 있다. 누룩을 싸서 띄울 때에는 연잎이나 도꼬마리, 닥나무잎으로 싸서 띄우기도 한다. 셋째, 물 대신 반죽재료로 쓰는 부재료가 있다. 누룩을 반죽할 때 물 대신 여뀌, 참외, 생강, 무를 넣기도 한다.

(바) 역가(당화력, SP)

술을 빚을 때 누룩을 얼마나 넣어야 하는가? 이는 누룩이 갖고 있는 당화력(SP, Saccharogenic Power)을 계산하면 나올 수 있다. 누룩곰팡이가 물과 접촉하면 당화효소를 생성하는데, 이 당화효소가 전분 1g을 포도당으로 분해하는 힘이 당화력이다. 당화율은 누룩 1g이 전분 1g에 작용하여 생성된 포도당을 백분율로 표시한 것을 말하고, 당화력은 '당화율×효소의 희석배수'이다.

총당화력은 전분질 10kg을 50~60시간에 알코올 도수 14% 이상으로 발효시키는 데에 필요한 당화력을 말하는데, 전분질 원료

10kg의 당화에 필요한 총당화력은 270,000sp이다. 그렇다면 어떤 누룩의 당화력이 300sp라면 전분질 원료 10kg을 당화시키는 데 필요한 누룩 양은 900g이다(270,000sp ÷ 300sp = 900g).

예컨대 당화력이 300sp이라면, 쌀 40kg을 당화시키는 데에 필요한 누룩 양은 얼마인가? 쌀 40kg을 당화시키는 데 필요한 총당화력은 270,000sp×4 = 1,080,000sp이고, 필요한 누룩 양은 1,080,000sp÷300sp=3,600g 즉 3.6kg이다. 따라서 최소한 누룩 3.6kg을 넣어야 쌀 40kg을 완전 당화시킬 수 있는 것이다. 전분이 완전 당화되지 않은 채 남게 되면 전분덩어리가 항아리 밑에 두텁게 깔려 술이 산패할 가능성이 크다.

〈발효제에 따른 당화력과 누룩 사용비율〉

발효제	당화력	쌀 대비 누룩 사용량 (2700/당화력)
입국	60 SP	45%
전통누룩	300 SP	9%
맥아	300 SP	9%
개량누룩1(조효소제)	600 SP	4.5%
개량누룩2(조효소제)	1,200 SP	2.3%
정제효소	15,000 SP	0.27%

3장 어떤 술을 만들 것인가?

1. 양조 실제

이제부터 본격적으로 술을 빚어 보자. 앞에서 양조이론에 대해서 배웠으므로, 그 이론에 입각해서 술을 빚어보도록 한다.

(1) 살균 소독

술을 빚기 위해서는 제일 먼저 잡균이 침투하지 않도록 살균 소독을 해야 한다. 손을 깨끗이 씻고 물기가 없도록 수건으로 닦아야 한다. 다음에 항아리 등의 양조도구들을 살균해야 하는데, 살균 소독방법에는 연기 살균, 증기 살균, 열탕 살균, 알코올 살균 등이 있다.

첫째, 연기 살균법은 볏짚이나 말린 쑥대에 불을 지핀 후 항아리를 거꾸로 엎어놓고 주둥이를 불 가까이 대고 항아리가 뜨거워질 때까지 연기를 쐬게 하는 방법이다. 연기 살균법이 살균법 중 가장 효과가 좋지만, 항아리 안에 그을음이 남아 있으면 안 되므로 마른 행주로 독 안을 깨끗이 닦아주어야 한다.

둘째, 증기 살균법은 솥에 솔잎을 넣고 물을 부은 후 항아리를 솥에 거꾸로 엎어놓고 물을 팔팔 끓인다. 항아리가 뜨거워진 후 15분이 경과할 때까지 수증기로 살균한다. 미생물은 뜨거워진 후 15분 경과해야 완전 살균된다. 그리고 솔잎은 살균과 함께 항아리에 있는 나쁜 냄새를 제거하는 효과가 있다. 살균이 끝났으면 바람이 통하는 서늘한 곳에 내놓아 건조시키면 된다.

셋째, 열탕 살균법은 팔팔 끓는 물을 부어서 살균하는 방법인데, 연기 살균법이나 증기 살균법보다는 간편하나 살균효과는 떨

어진다. 물 분자가 커서 항아리의 미세한 숨구멍까지 들어가지 못하기 때문에 완전살균이 되지 않는 것이다. 따라서 열탕 살균법은 대야, 주걱, 바가지 등의 살균에 사용한다.

넷째, 알코올 살균법이 있는데, 알코올은 삼투압작용으로 미생물을 파괴한다. 연기 살균법이나 증기 살균법, 열탕 살균법이 어려울 때 그 대안으로 사용할 수 있다. 알코올은 70% 정도에서 살균효과가 크므로, 증류주를 내릴 때 미리 준비해 놓으면 좋다.

(2) 세미(쌀 씻기)

술을 빚기 위해서는 그 원료인 쌀이 깨끗해야 한다. 발효에 불필요하거나 발효를 방해하는 것이 있으면 이를 사전에 제거해야 한다. 따라서 쌀을 씻어서 쌀에 묻어있는 먼지나 이물질, 미세한

쌀 분진, 그리고 단백질 일부 및 칼슘·아미노산 등의 수용성 물질을 제거한다.

쌀을 씻을 때에는 쌀끼리 마찰에 의해 씻기도록 물 양을 조절한다. 물의 양이 적으면 쌀끼리 부딪혀서 깨지기 쉽고, 물의 양이 많으면 물 속에서 쌀이 놀게 되어 잘 씻기지 않는다. 물을 받아서 한 번 헹구어낸 후, 다시 물을 받아 충분히 손으로 저어서 쌀을 씻는다. 그 다음에 흐르는 물로 뿌연 쌀뜨물이 없어질 때까지 씻어내린다.

(3) 침지(쌀 불리기)

쌀을 다 씻었으면, 물을 부어 쌀을 불린다. 호화를 쉽게 하기 위해 물에 불리는 것이다. 쌀을 포함한 일반 곡식은 저장성을 고

려하여 수분이 적게 건조시키기 때문에 열을 가하더라도 잘 익지가 않는다. 따라서 쌀을 물에 불려 쌀이 물을 충분히 흡수했을 때 고두밥을 찌는 것이다.

옛날에는 쌀을 불리는 시간이 여름에는 5~6시간, 봄과 가을에는 7~8시간, 겨울에는 9~10시간 정도 되었다. 그러나 지금은 실내에서 수돗물로 술을 빚거나 지하수를 이용하더라도 지하수 수온이 비교적 일정하기 때문에 옛날만큼 시간 차이를 크게 둘 필요는 없다.

물에 담근 후 2~3시간이 지나면 더 이상 수분흡수를 하지 않지만, 시간이 오랠수록 쌀 조직이 연해지기 때문에 통상 5~6시간 불리면 된다. 그리고 멥쌀이 찹쌀보다 조직이 치밀하여 불리는 시간이 오래 걸린다. 쌀을 짧은 시간동안만 불려도 문제지만 지나치게 오래 불러도 문제이다. 오래 불리면 쌀이 쉬기 때문이다.

(4) 탈수(물 빼기)

쌀 불리기가 끝났으면 불린 쌀을 10여 차례 헹군 후 물을 빼준다. 쌀을 헹구는 이유는 물에 침출되어 있는 수용성물질을 제거하기 위한 것이다. 체반에 담아 20분 정도 물을 빼주면 된다. 물이 빠지지 않으면 고두밥이 질게 되기 때문에 물을 확실히 빼주어야 한다.

(5) 증자(고두밥 찌기)

증자(蒸煮)란 증기로 삶는 것을 일컫는데, 여기서는 고두밥 찌는 것을 말한다. 증자는 전분을 익히는 것이므로 이를 '호화'라고 한다. 당화효소(전분 분해효소)에 의해 전분이 분해되려면 당화효소가 쌀의 전분 입자 속으로 침투해 들어가야 한다. 그러기 위해서 먼저 쌀을 물에 불려서 물이 쌀의 전분구조 안으로 들어가게 하고, 여기에 열을 가해(증자) 전분 내부의 물을 팽창시킨다. 그러면 벌어진 전분 입자의 공간사이로 당화효소가 들어갈 수 있게 되는 것이다. 따라서 '침지'와 '호화'는 당화를 용이하기 위한 사전작업인 셈이다.

고두밥은 고들고들한 밥을 말한다. 일상 먹는 밥으로 술을 빚지 않는 이유는, 일반 밥은 쌀 안의 전분질이 흘러나와 쌀을 코팅

시켜 당화효소의 침투를 어렵게 하고, 밥을 치대는 과정에서 밥이 으깨지기 때문이다. 밥이 으깨지면 밥안의 전분이 빠져나와 당화도 되지 않은 채 항아리 밑에 쌓여 술을 산패시킨다.

쌀이 덜 익으면 당화도 안 되고 발효도 안 되고 술에서 아세톤 냄새가 나며, 신맛이 강해진다. 따라서 고두밥을 찔 때에는 쌀이 완전히 익을 수 있도록 정성을 기울여야 한다. 옛날에는 시루를 이용해서 고두밥을 했는데, 요즘에는 증기 찜기가 있어 찜기를 이용하면 된다. 쌀 반말을 찌는 데 시루로는 1시간 정도 걸리지만, 증기 찜기로는 10분 정도밖에 걸리지 않는다. 먼저 물을 뺀 쌀을 찜통에 수평으로 깔아놓은 후, 물이 팔팔 끓으면 그 때 찜통을 찜기에 올려놓는다.

(6) 고두밥 식히기

다 쪄진 고두밥은 널어서 식힌다. 손등으로 만져보아 온기가 느껴지지 않을 정도(20~25℃)가 되어야 한다. 높은 온도에서는 단백질인 당화효소의 변성이 생기며 효모 등의 미생물이 살 수 없다. 또한 온도가 높으면 당화 속도가 발효 속도보다 빨라져 당도가 높아지고, 그 결과 발효가 잘 안 되어 감산패가 일어날 수 있다.

고두밥은 가능한 한 넓고 얇게 널어놓아 빨리 식을 수 있도록 해야 한다. 식히는 데에 시간이 오래 걸리면 기껏 호화된 것이 다시 '노화'될 수 있기 때문이다. 고두밥 사이사이가 틈이 있도록

널어놓아야 바람이 통해 빨리 식는다. 널은 후 10분 정도 지나면 뒤집어서 다시 식힌다. 이때 주의할 것은 밥을 식히는 것이지 건조시키는 것은 아니므로, 선풍기 바람을 직접 고두밥에 쐬면 안 된다는 것이다.

(7) 혼화(섞고 치대기)

고두밥이 다 식으면 큰 대야에 고두밥과 물, 누룩을 고루 섞은 후 치댄다. 단양주일 경우에는 고두밥과 물, 누룩을 섞으면 되고, 이양주일 경우에는 고두밥과 밑술 술덧을 섞으면 된다(필요하면 물이나 누룩을 더 넣어도 된다). 치대는 방법은, 손바닥을 이용해 수직으로 고두밥을 힘껏 눌렀다 뗐다 하는 과정을 반복하는 것이다. 고두밥은 탄력이 있으므로 힘껏 수직으로 눌러도 으깨지지 않는다.

　이와 같이 혼화하는 이유는 누룩의 당화효소가 고두밥의 전분 입자 속으로 고루고루 들어가게 하기 위함이다. '혼화'를 통해 초기 발효를 인위적으로 이끌어냄으로써 젖산균의 활동을 약화시켜 술이 산패되거나 신맛이 강해지는 것을 막을 수 있다.

　앞에서 말한 바와 같이 우리 전통주는 병행복발효의 양조 방식이고, 당화 조건과 발효 조건이 일치하지 않는다. 즉 당화는 높은 온도(50~60℃)에서 최적화되고, 발효는 낮은 온도(25~30℃)에서 최적화된다. 그래서 낮은 온도에서 당화를 시킬 수밖에 없는데, 낮은 온도에서 치대는 과정 없이 그대로 방치할 경우에는 당화가 잘 일어나지 않고, 그 결과 발효도 잘 일어나지 않아 술이 산패하게 되는 것이다. 따라서 '혼화'는 당화 조건과 발효 조건이 일치하지 않는 우리의 양조 방식에서 아주 중요한 과정인 것이다. 열심히 치댈수록 맛있는 술이 되고, 힘들다고 대충 치대면 시어빠진 술이 된다.

(8) 입항

혼화가 끝나면 항아리에 담는다. 술덧의 양이 항아리 크기의 80% 정도가 적당한다. 빈 공간이 너무 많으면 탄산가스가 빈 공간에 가득 차게 되어 품온 상승을 초래하여 산패하거나 이상발효를 가져온다. 반대로 빈 공간이 너무 적으면 부풀어 올라 술덧이 넘칠 수 있다. 발효시 생성된 탄산가스에 의해 술덧의 부피가 증가하기 때문이다.

항아리에 담을 때에는 꼭꼭 눌러서 공기가 들어가지 않도록 해야 한다. 항아리에 전부 담았으면 항아리 밖과 안, 주둥이 등을

깨끗이 닦아준다. 항아리 안도 깨끗이 닦아주어야 하는데, 그렇지 않으면 항아리가 오염될 수 있다. 항아리를 모두 닦았으면 면보를 씌우고 항아리 뚜껑을 덮으면 된다.

(9) 발효

술덧을 항아리에 전부 담았으면 본격적으로 발효에 들어간다. 앞서 본 바와 같이 주발효 → 냉각 → 후발효의 순으로 발효시키면 된다.

(10) 가수(加水)

탁주, 즉 막걸리를 만들려면 발효완료 후 물을 추가한다. 처음부터 물의 양을 많이 잡아서 도수 낮은 탁주를 만들면 되지 않는가라고 물을 수 있다. 물의 양이 지나치게 많으면 발효력이 상대적으로 약해지고 젖산균의 활동이 활발해져 신맛이 강한 술이 될 수 있다. 그래서 처음에는 17~20%의 도수 높은 술을 만들고 거기에 물을 추가하여 원하는 도수를 맞추는 것이다.

그러면 물을 어느 정도 넣어야 하는가? 공식은 간단하다. 예컨대 알코올 도수 18%의 술 20ℓ를 알코올 도수 6%의 술로 만들려면 물을 얼마만큼 넣어야 하는가? 18%×20ℓ=6%×Aℓ, Aℓ=60ℓ, 60ℓ-20ℓ=40ℓ. 따라서 물 40ℓ를 넣으면 알코올 도수 6%의 술이 되는 것이다.

가수하는 물은 '끓여서 식힌 물'이어야 한다. 고생스레 만든 술이 자칫 오염될 수 있다. 가수한 후 3~5일 정도를 추가 발효시킨다. 가수한 물이 술덧 곳곳으로 스며들어갈 수 있어야 하기 때문이다.

(11) 채주

1~3개월 정도 경과하여 발효가 완료되면, 술을 거른다. 체에 내릴 수도 있고, 천에 넣어 짤 수도 있다. 발효가 잘 된 술일수록 채주하기가 쉽다. 요즘은 채주할 양이 많으면 기계(진동체 제성기

등)를 이용해 채주하기도 한다.

(12) 여과

약주를 만들려면 술을 여과해야 한다. 발효가 끝난 술덧은 사멸한 효모의 균체로부터 아미노산 등의 질소화합물과 효소가 용출되어 주질에 잡미를 부여하기도 하고, 숙성 중 착색을 촉진시키는 등으로 인하여 신속히 여과를 하여야 한다.

여과 방식에는 가압 방식과 감압 방식이 있다. 가압 방식은 펌프를 사용하여 대기압 이상의 압력을 원액 측에 걸어주어 여과하는 방식이고, 감압 방식은 진공펌프 등을 이용하여 대기압보다 낮게 조작하여 여과하는 방식이다. 주류에서는 주로 가압 여과 방식을 사용한다.

여과 과정을 보면, 먼저 '저온침전 여과'를 한다. 저온(0~5℃)에서 1~2개월 술을 정치하면 앙금이 침전되는데, 침전된 앙금을 분리해서 맑은 술만을 따로 용기에 담는다. 다음 단계로 필터프레스를 이용하여 '정밀 여과'를 한다. 여과판이나 여과포(여과지)를 이용하면 된다. 여과지를 이용할 경우에는 여과 틀을 교대로 배열해서 여과하되 여과 틀 안에 케이크가 채워지면 여과를 중지하고 여과지를 교체한다. 마지막 단계로, 세균까지 제거하려면 카트리지 또는 멤브레인 필터 여과기로 '미세여과'를 하면 된다. 미생물의 크기는 누룩곰팡이가 백국균 3~4.5㎛, 황국균 6~7㎛이고, 효모가 보통 5~10㎛, 작은 것은 3~4㎛이며, 세균은 0.5~2.0㎛이다.

(13) 숙성

채주한 술을 숙성용기에 담아 저온(0~5℃)에서 숙성한다. 증류주는 실온에서 숙성시키지만, 발효주를 실온해서 숙성시키면 효모작용으로 인해 술의 변질을 가져온다. 술은 숙성과정을 통해 훨씬 부드럽게 바뀌고 맛과 향이 좋아진다.

탁주는 발효완료 후 가수하기 때문에 처음에 물과 알코올이 따로 논다. 그러나 숙성을 하면 물과 알코올이 조화롭게 된다. 약주의 경우에는 숙성과정 동안 침전이 일어나 위에 맑은 술이 고이게 되고, 이 맑은 술을 따로 용기에 담아 다시 숙성에 들어간다.

숙성용기는 최대한 공기접촉이 차단되는 것을 사용한다. 알코

올 도수가 높을수록 숙성기간을 길게 할 수 있으므로, 17% 이상의 약주는 숙성을 1년 이상 할 수 있으며, 도수가 낮은 탁주의 경우에는 숙성기간을 짧게 잡아야 한다.

2. 누룩의 제조

(1) 원료선택 및 가공

밀 누룩을 만들려면, 우선 통밀을 분쇄하여야 한다. 밀은 도정이 되지 않은 통밀을 사용해야 한다. 통밀은 수입밀, 우리밀 모두가 사용가능하다. 우리밀을 사용할 경우, 우리밀이 수입밀보다는

글루텐 함량이 적기 때문에 물의 양을 상대적으로 많이 잡아야 할 것이다.

 통밀을 구했으면 가능한 한 짧은 시간에 물로 깨끗하게 씻은 후 햇볕에 바짝 말린다. 그런데 밀을 건조시키는 것이 시간도 걸리고 건조가 잘 안 될 수 있으므로, 밀 상태를 보아 이물질이 별로 없으면 통밀 그대로 사용해도 된다. 공장식 누룩은 대부분 통밀을 씻지 않고 그대로 사용한다.

 다음에는 통밀을 분쇄기로 분쇄한다. 통밀은 단단하기 때문에 일반 쌀가루 빻는 롤러로는 분쇄가 안 된다. 별도의 분쇄기가 없으면 방앗간에 가져가 맡기면 된다. 분쇄정도는 거칠게 하는 것이 좋다. 분곡을 만들 경우에는 곱게 빻아서 밀가루가 많은 것이 좋지만, 조곡을 만들 경우에는 거칠게 빻아야 한다. 곱게 빻게 되면 밀가루가 물을 많이 흡수하여 누룩안의 물의 양이 많아진다.

그러면 누룩 내부가 백곡균 만으로 포진하여 술맛이 시어질 수 있다. 아니면 검은곰팡이가 필 수도 있다. 검은곰팡이는 당화력은 좋지만 술에서 좋지 않은 장내가 나는 원인이 된다.

거칠게 빻아서 밀기울에 곰팡이가 활착할 수 있도록 해야 백곡균과 황곡균이 균형 있게 자리 잡는다. 그렇다고 너무 거칠게 분쇄하면 점성이 낮아 성형이 잘 되지 않고 건조가 빠르게 진행되어 누룩곰팡이가 제대로 활착되지 않는다.

(2) 반죽하기

통밀을 분쇄했으면 물과 섞어 반죽한다. 물은 '끓여서 식힌 물'을 사용하고, 통밀의 양의 20~25% 정도이면 된다. 통밀이 1kg이면 물은 200~250㎖을 섞어서 반죽한다. 통밀이 햇밀일 경우

에는 수분을 많이 함유하고 있어 첨가할 물의 양이 줄지만, 겨울이나 3~4월에는 통밀의 수분함유량이 줄어들어 첨가할 물의 양이 많아진다. 반죽한 통밀가루를 손으로 쥐었을 때 간신히 뭉쳐질 정도이면 된다.

통밀과 물을 혼합할 때에는 가능한 한 짧은 시간에 고루고루 해주어야 한다. 반죽 시간이 길어지면 물이 날아가 버리기 때문이다. 물의 온도는 15~18℃ 정도가 적당하며, 겨울에는 20~22℃ 정도가 적당하다.

(3) 성형하기

반죽이 끝났으면, 누룩고리에 반죽을 넣어 성형한다. 누룩 두께는 보통 3~4cm 정도가 적당하다. 물에 적셔 꼭 짠 면 보자기

를 누룩고리 위에 깔고 반죽을 보자기 안에 차곡차곡 쌓는데, 가운데를 비어 놓는다. 반죽이 누룩고리 위 1cm 정도 올라올 정도가 되면 똬리를 틀어 가운데에 찔러 놓는다. 누룩 가운데를 이와 같이 움푹 들어가게 하는 이유는, 가운데가 두꺼우면 습기가 모여 검게 썩을 염려가 있기 때문이다.

(4) 디디기

똬리를 틀어 찔러 놓은 후에는 뒤집어서 5분 정도 발로 밟는다. 똬리가 누룩 가운데에 자리를 잡으면 다시 누룩고리를 뒤집어 본격적으로 발로 디디기 시작한다. 발뒤꿈치를 이용해서 모서리 구석구석을 잘 밟아야 한다. 누룩고리는 위 부분이 넓고, 아래 부분이 좁다. 구석구석 잘 디뎌지게 하기 위한 것이고 나중에 빼기에

도 쉽다. 디디는 시간은 적어도 30분 이상 밟아야 한다.

공장(광주송학곡자, 진주곡자 등)에서는 일반적으로 성형기(압축기)를 이용한다. 그러나 부산 금정산성 누룩은 아직도 할머니들이 누룩반죽을 천에 넣어 발로 밟고 있다. 성형기를 사용하려 했으나 누룩의 품질뿐만 아니라 산성막걸리의 주질도 좋지 않아서 성형기를 사용하지 않는다고 한다.

(5) 띄우기(발효)

누룩은 반드시 띄우는 과정을 거치는데, 이를 '발효'라고 한다. 누룩을 띄우면 젖산균, 누룩곰팡이, 효모가 활착·증식하고, 그 대사과정중에 탄산가스와 열이 발생하기 때문에, 누룩띄우는 과정을 '발효'라고 하는 것이다.

① 박스이용법

누룩을 띄우는 방법으로, 가정에서는 일반적으로 박스를 이용해서 4~6개의 누룩을 띄운다. 박스 안에 볏짚과 누룩을 층층이 쌓은 후 맨 위에 얇은 이불을 덮어준다. 박스 안 온도가 30~35℃가 되도록 한다(누룩 품온이 40℃가 넘지 않도록 한다). 통상 30일 가량(여름에는 20일) 띄우는데, 2~3일 간격으로 자리를 바꾸어준다. 수분과 온도가 너무 올라가지 않고, 누룩 전체에 고루 퍼지게 하려고 자리를 바꾸어주는 것이다.

② 비닐이용법

약식 띄우는 방식으로는, 신문지로 한 장씩 세 번 누룩을 싸고 비닐로 포장한다. → 따뜻한 아랫목이나 전기장판위에 박스를 깐 후 그 위에 누룩을 얹고 얇은 이불을 덮는다. 전기장판 온도는 가장 낮게 설정한다. → 2일마다 신문지를 벗기고 상태를 확인하고, 다시 동일한 신문지로 싼다. → 3회 때에 비닐을 버리고 신문지로만 싸서 4~5회를 다시 반복한다. → 신문지를 벗기고 햇볕에 말려 법제한다.

③ 누룩실 이용법

누룩실이 있으면, 누룩실의 선반 위에 누룩을 올려놓고 띄운다. 이때 볏짚이나 쑥대, 솔잎 등을 밑에 깔 수 있다. 이들 재료에 붙어있는 균을 이용하거나 바닥에 수분이 고이는 것을 방지하기 위함이다.

그런데 씨누룩을 활용할 경우에는 굳이 이러한 재료들을 밑에 깔 필요가 없다. 씨누룩은 먼저 띄운 누룩 중 발효가 잘 된 것을 골라, 이를 10% 가량 섞어서 함께 반죽하여 띄우는 것이다. 이때 누룩이 선반에 밀착되지 않도록 선반 밑에 가느다란 대나무나 싸리나무 등을 깔아 누룩과 선반사이에 공간이 생기도록 한다. 이렇게 띄우면 훨씬 깔끔하고 누룩이 깨끗하다. 누룩 벌레도 생기지 않는다.

누룩 띄우는 과정을 살펴보면, 처음 7일은 누룩곰팡이가 잘 필

수 있도록 고온다습의 환경을 만들어준다. 즉 온도 30~35℃, 습도 60~70%의 조건이 되도록 한다. 항온항습실이 있으면 좋지만, 그렇지 않을 경우에는 보일러나 전열기구를 활용하여 누룩실 온도를 일정하게 유지하고, 습도는 가습기 및 제습기를 활용하면 된다.

다음 7일은 효모 증식에 적합한 환경을 만들어준다. 온도 25℃, 습도 40~50%의 조건이 되도록 한다. 이때에도 처음 7일처럼 습도가 너무 높으면 검은곰팡이가 피어서 누룩에서 장내가 날 수 있다. 이와 같이 보름 가까이 누룩을 띄우면 띄우기가 대충 끝난다.

다 띄운 누룩상태를 어떻게 알 수 있는가? 발효과정을 보면, 누룩 내부의 열이 차츰 올라갔다가 내려가고, 수분은 증발해 없어져 누룩이 돌처럼 단단해진다. 그리고 누룩을 쪼개보았을 때 누룩안쪽에 더 이상 수분이 없고 누룩곰팡이가 전체적으로 자리를 잡았으면 누룩을 다 띄운 것이 된다. 누룩의 단면은 황록색, 황회색 또는 회백색으로 균사가 충분히 파고들어간 것이 좋고, 냄새는 고소하거나 특별한 냄새가 나지 않는 것이 좋다.

(6) 법제

띄우기가 끝난 누룩을 보름간 햇볕에 바짝 말린다. 이를 '법제한다'고 말한다. 법제는 햇볕의 자외선을 이용해 잡균을 살균하고(살균효과), 누룩색깔이 검어지고 탁해지는 것을 막고(표백효과), 바람에 의해 나쁜 냄새를 제거하기(탈취효과) 위한 것이다. 누룩 내부가 완전히 마르지 않았거나 검은곰팡이가 많이 피어 있으면 누룩을 4등분 내서 말려도 좋다.

(7) 숙성

누룩의 법제가 끝나면 누룩을 한지에 싸거나 그물망 등에 넣어서 선반에 올려놓거나, 높은 곳에 매달아 놓는다. 건조하고 통풍이 잘 되는 곳이어야 하며, 2~3개월 숙성시킨다. 장마철에는 습기가 많으므로 냉장보관하는 것도 한 방법이다.

(8) 사용

누룩을 사용할 때에는 사용하기 2~3일 전에 누룩을 절구로 빻아 햇볕에 말려 사용한다. 누룩을 빻을 때, 너무 곱게 빻게 되면 당화 속도가 빨라져 이상발효할 수 있다. 따라서 밤톨 크

기, 콩알 크기, 가루 등 다양한 크기가 될 수 있게끔 빻으면 된다. 그러나 쌀누룩의 경우는 역가가 낮기 때문에 곱게 빻아 사용해야 한다. 그리고 빻은 누룩은 햇볕에 2~3일 간 바짝 건조시킨다.

3. 나만의 술 빚기

(1) 들어가는 말

전통주를 구체적으로 어떻게 빚는지, 그리고 누룩을 어떻게 만드는지를 살펴보았다. 그런데 처음 술을 빚을 때에는 누룩을 직접 빚기 보다는 공장이나 외부에서 가져다 쓰는 것이 좋다. 양조가 어느 정도 안정화 된 뒤에 누룩제조에 본격적으로 나서는 것이 좋다. 그렇지 않으면 술이 잘 안 될 경우, 그 원인을 찾기가 어려워진다. 양조과정에 문제가 있는 것인지, 아니면 누룩에 문제가 있는 것인지를 찾기가 어려워지는 것이다.

하우스막걸리 장사를 하려면 내 가게만의 특별한 술을 만들어야 한다. 누구나 다 만들 수 있는 술은 희소가치가 없다. 내 가게의 단골손님을 많이 만들려면 내 가게에서만 먹을 수 있는 술이 있어야 한다. 그러면 나만의 술을 어떻게 만들 수 있는가?

우선 옛문헌에 나와 있는 전통주의 양조방법을 살펴볼 필요가 있다. 물론 옛문헌대로 술을 빚을 필요는 없다. 그렇게 빚어서도 안 될 것이다. 옛문헌에 나와 있는 전통주는 옛날 사람의 입맛에 맞는 것이지, 오늘날까지 일반인들의 입맛에 맞다고 보기 어렵다. 그렇다고 옛문헌의 전통주를 무시할 수도 없다. 양조레시피가 하늘에서 뚝 떨어지는 것이 아니기 때문이다. 따라서 옛문헌에 실린 전통주의 양조 방식에 기반을 두되, 나만의 독특한 양조방법을 개발해야 할 것이다. 옛문헌에 실린 전통주 몇 가지를 소개한다.

(2) 전통주 양조표

* 물 1되=1.8ℓ, 누룩 1되=500g, 쌀 1되=800g 10홉=1되, 10되=1말, 10말=1가마

품목	밑술				덧술			
	주재료	누룩	물	부재료	주재료	누룩	물	부재료
부의주 浮蟻酒	찹쌀 1말 (고두밥)	수국 1되	탕수 3도 (5.4ℓ)		(단양주)			
*술의 유래 : 고려~조선시대에 하인이나 부녀자들이 빚은 대중적인 술 *술의 특징 : 원래 물 양이 적음(찹쌀 1말 > 물 3도), 뒤에 물 양이 많아짐(찹쌀 5도 < 물 6도 or 물 1말) *주의사항 : 단양주여서 잡균 침투에 대비→수국 이용(젖산 생성), 3~4시간 누룩을 탕수에 풀어놓음								
약주 藥酒	멥쌀 2.5되 (죽)	조국 1되	물 3도 (5.4ℓ)		찹쌀 5도 (고두밥)		7주발 (5.6ℓ)	
*술의 유래 : 약주의 의미 → 약성이 갖는 술, 술의 높임말, 약식으로 빚는 술 *술의 특징 : 이양주								
송순주 松荀酒	멥쌀 2도 (죽)	조국 1되	물 4도 (7.2ℓ)		찹쌀 6도 (고두밥)	조국 1되		송순 200g (건 20g)
*술의 특징 : 이양주-밑술 '죽', 덧술시 고두밥 살수 후 송순 추가 *주의사항 : 덧술에 부재료가 들어갈 경우에는 누룩을 추가. 송순-깨끗이 씻어 시루에 쪄서 말림								

품목	밑술				덧술			
	주재료	누룩	물	부재료	주재료	누룩	물	부재료
신선주 神仙酒	멥쌀 2.5도 (고두밥)	조국 2.5도	탕수 2.5도 (4.5ℓ)		멥쌀 7.5도 (고두밥)	조국 0.5도	약달인 물 3도(5.4ℓ)	약재
	술의 특징 : ① 〈藥用藥材〉 약재 5가지(오선주), 7가지(칠선주), 10가지(신선주), 20가지(제세팔선주) ② 덧술시 약재 첨가 **주의사항** : 덧술에 멥쌀(멥쌀-깔음, 쓰고 독함. 찹쌀-달고 부드러우며 향이 좋음)							
감향주 甘香酒	멥쌀 1도 (물송편)	가루 1도 (조국 2되)	떡 삶은 물 1사발 (700㎖)		찹쌀 1말 (고두밥)			
	술의 유래 : 당도가 높아 여름에 어름에 빚는 술(당도가 높으면 변질이 안 됨) **술의 특징** : 물 양이 적은 술. 단술 **주의사항** : ① 물송편 빚는 방법-손이 데지 않을 정도의 뜨거운 물에 익반죽, 물은 5사발(3.5ℓ)까지 가능 ② 덧술이 찹쌀을 3절 치지 ③ 더운 실내에 안칠 것 ④ 술이 익는 대로 바로 제주할 것 ⑤ 수분증발을 막기 위해 단단히 봉함(4겹)							

3장 어떤 술을 만들 것인가?

품목	밑술				덧술			
	주재료	누룩	물	부재료	주재료	누룩	물	부재료
하향주 荷香酒	멥쌀 1도 (구멍떡)	가루 5홉 (조곡1도)	삶은 물 1사발 (700㎖)		찹쌀 1말 (고두밥)			

*술의 유래 : 하향은 연꽃향→하향을 끌어내는 기법을 모두 동원 (① 밑술에서 구멍떡 선택, ② 누룩가루 소량 투입, ③ 쌀량:물량 비율, ④ 적정한 발효상태 유지)
*술의 특징 : 감향주와의 차이점 - 감향주는 하향추구, 하향주는 발효촉진
*주의사항 : ① 물을 3도(5.4ℓ)까지 가능 ② <구멍떡 빚는 방법> 탕수(50~60도) 2홉(360㎖) 넣고 이반죽으로 물에 넣어 떠오르면 꺼내서 으깬다→구멍떡 삶은 물을 넣는다→뚜껑을 덮고 하루지나 순화한 고두밥은 3번 보는 2~3겹(수분증발 방지)

| 방문주 方文酒 | 멥쌀 1도 (설기떡) | 조곡1.5도 | 탕수 5도 (9ℓ) | | 찹쌀 1말 (고두밥) | | | |

*술의 유래 : 술 빚는 법(응식)에 의해 빚은 술
*술의 특징 : <밑술의 특징> ① 죽(발효속도빠름, 부드럽고 순함, 도수 下), ② 설기떡(발효속도 보통, 향기↑, 감칠맛, 도수 中), ③ 범벅(발효속도 느림, 향기↑, 맛↑, 도수 上)
*주의사항 : <미水> 술이 익으면 용수를 박아두고 2~3일 후 떠내고 재주(後酒)에 가수는 이상발효하여 신맛, 쓴맛, 군내고 부어두고 5일 후에 제주에 가수는 이상발효하여 신맛, 쓴맛, 군내가 강하면 원래 양조 용수의 20% 물을 첨가하여 회석한다

품목	밑술				덧술			
	주재료	누룩	물	부재료	주재료	누룩	물	부재료
향온주 香醞酒	멥쌀 1말 찹쌀 1되 덥쌀 1되 (고두밥)	향온곡 or 조곡 1.5도	탕수 1.5병 4.5도 (8.1ℓ)	엿기름 1홉 50g	(단양주)			
	*술의 유래 : 대중화, 서민화, 가양주화되 궁중술(12양주) / 온(醞)-임금이 마신 술 *술의 소개 : 멥쌀 10 : 찹쌀 1 (비율은 조절 可) → 멥쌀술에 찹쌀술이 효과(단맛, 감칠맛)를 낼 수 있음 *주의사항 : ① 엿기름 투입(당농도를 높여 잡균 억제), ② 고두밥을 찐 후 식히지 말고, 양푼에 담은 후 곱 는 물 8.1ℓ 윗국을 고르게 붓는다 → 이아래 바꿔주면서 고르게 스며들게 한다 → 바닥에 고이는 물기가 없 으면 식히기 → 혼화(누룩+엿기름)							
법주 法酒	멥쌀 2.5도 (죽)	조곡 2도	물 9도 (16.2ℓ)		찹쌀 2.5말 (고두밥)	조곡 1.5도	탕수 3도 (5.4ℓ)	
	*술의 유래 : 법식대로 빚은 술, 경주 교동법주(조선조 후기 참봉 최국선이 낙향하여 궁중의 술을 사가에 전 함), 법주에 대한 기록은 없음 *술의 특징 : 밑술쌀 : 덧술쌀=1:10 / 술의 양이 많음→전통주를 대량생산할 수 있는 가능성 (배수로 늘리면 됨)							

3장 어떤 술을 만들 것인가?

품목	밑술				덧술			
	주재료	누룩	물	부재료	주재료	누룩	물	부재료
동양주 冬陽酒	멥쌀 2되 (물송편)	가루 2되	송편삶은물 1.5되 (2.7ℓ)		찹쌀 5되 멥쌀 5되 (고두밥)			
호산춘 壺山春	멥쌀 2되 (범벅)	조곡 2되	탕수7사발 (4.9ℓ)		찹쌀 1말 (고두밥)			

동양주 冬陽酒

*술의 유래 : 冬陽 또는 東陽 → "술은 바람기운을 받는다", 겨울철에 빚는 술
*술의 특징 : 덧술에 음매(물)이 없어 발효가 잘 안 됨
*주의사항 : <시루 하나로 찹쌀과 멥쌀을 동시에 찌는 방법> ①멥쌀 먼저 찌다가 한김 나면 찹쌀 얹음 ②밑부분에 찹쌀을 얹지고 윗부분에 멥쌀을 얹음(윗부분이 더 뜨거움)

호산춘 壺山春

*술의 유래 : 조선시대 10대 명주 중 하나, 전라도 여산지방(礪山)의 별칭이 호산, 이 지방에서 빚은 술.
'春'-단데 훌륭한 명주를 준이라 함
*술의 특징 : 범벅(반생반숙) → 효과 (힘세 효모만 살아남아 강력한 효모 육성) <범벅하는 방법> 반죽 - 조금 씩 뜨거운 물을 붓고, 덩울이 없도록 풀어주고, 마지막으로 뜨거운 물을 부어 잠길 수 있도록 함, 두껑을 덮어서 하루 지난 후 훈화
*주의사항 : 품어 넘치지 않도록 함(전체를 균일하게 익도록 해야 함)

품목	밑술				덧술			
	주재료	누룩	물	부재료	주재료	누룩	물	부재료
석탄향 惜呑香	멥쌀 2되 (죽)	조곡 1되	물 6되 (10.8ℓ)		찹쌀 1말 (고두밥)			
과하주 過夏酒	찹쌀 1말 (고두밥)	수곡 2되	탕수 3되 (5.4ℓ)	소주 14복자 (6.3ℓ)	단양주			

석탄향
*술의 유래 : "향기와 달기가 기특하여 입에 머금으면 삼키기가 아깝다" / 처음에는 '양'중심(물이 양 1말)의 '석탄주' → 후에 '향'중심으로 고급화(물이 양 6되)의 '석탄향'
*술의 특징 : 밑술이 죽

과하주
*술의 유래 : 여름을 지내는 술 = 여름을 지나도 변질되지 않는 술(도수가 20% 이상이어야 변질되지 않음)
*술의 특징 : 발효 중인 탁약주 또는 방문주에 증류주를 혼합→도수가 올라가 발효주의 문제(변질)도 해결되고, 소주를 갖고 있는 '도'이 해소됨(소주의 특성이 녹아버리고 발효주 맛이 남
*주의사항 : 소주를 언제 얼마만큼 넣느냐? → ① 30% 소주가 가장 적정(40%일 경우 물을 부어 희석) ② 발효 개시 후 5일째가 적당(주발효 48시간→후발효)(발효 중인 고두밥을 만져봐서 고두밥이 미끄러운 감이 엾어야 함), ③위에다 가만히 부어준다.

품목	밑술				덧술			
	주재료	누룩	물	부재료	주재료	누룩	물	부재료
집성향 集成香	멥쌀 5도 (설기떡)	조곡 2도 5홉	탕수 1말 (18ℓ)	진말 5홉 (250g)	멥쌀 1말 (고두밥)			
점주 粘酒	멥쌀 1도 (구멍떡)	가루 1도	떡 삶은 물 1도 (1.8ℓ)		찹쌀 1말 (고두밥)		탕수 5도 (9ℓ)	

집성향 集成香
*술의 유래 : (임원십육지) 집성 = 잡미+산미, 주로 탁주로 머음(걸죽한 술)
*술의 특징 : <밀가루를 넣는 이유> ① 응집작용(부유물을 가라앉힘), 잡균방지(잡쌀 생성을 축진), 밀가루는 누룩과 섞어서 넣는다. ② 연도에 외부 침입 가능, 밀가루는 누룩에 있는 젖산 생성을 축진, 밀가루 계율러져 도수↓, 덧술 쌀 양이 적음→감미↑
밑술 쌀 양이 많음→효모가 많음→밑술에 담을 수 있으므로 많이 치대주어야 함
*주의사항 : 밑술이 넘칠 수 있으므로 많이 치대주어야 함

점주 粘酒
*술의 유래 : (규곤시의방) 점주의 '점'은 찹지다는 의미, 덧술에 미지근한 물(50도)을 섞어 반죽→술이 양을 늘리는 방법(행사 때 손님접대용)
*술의 특징 : 밑술이 구멍떡 → 멥쌀 설 설가루 1도에 떡 식힌 후 떡 삶은 물 1도와 누룩가루 1도를 섞어 치댐.
누룩 사용 / 구멍떡을 느끼려면 단맛을 안전발효 전에 체주(기포 올라오는 것이 미미하거나 안 보이면 바로 체주)
*주의사항 : 단맛을 느끼려면 안전발효 전에 체주(기포 올라오는 것이 미미하거나 안 보이면 바로 체주)

품목	밑술				덧술			
	주재료	누룩	물	부재료	주재료	누룩	물	부재료
벽향주 碧香酒	멥쌀 5되 (범벅)	조곡 1되	탕수 6되 (10.8ℓ)	진말 4홉 (200g)	멥쌀 7되~14되			

*술의 유래 : (규곤시의방) '벽=푸를벽', 바닷물색(맑고 투명함을 의미), 관서지방의 술
*술의 특징 : 원래는 밑술(멥쌀 2말 5되, 누룩 4되, 진말 2되, 더운 물 3말)이고, 덧술(멥쌀 3말 5되)인데 이를 1/5로 축소, 덧술이 1/5로 7되(5.6kg)인데 쌀 양을 14되(11.2kg)까지 늘릴 수 있음(맛을 내기 위해 14되로 하는 것이 좋음). / 진말(밀가루)을 넣는 이유 → 평양자방은 주온 곳이어서 발효부진으로 잡균 침투가능. 따라서 반드시 진말을 넣어야 하는 것은 아님

| 연엽주 蓮葉酒 | 찹쌀 1말 (고두밥) | 가루누룩 7-8홉 | 탕수 2병 (7.2ℓ) | 연잎 2~3장 | | | | (단양주) |

*술의 유래 : 가향주
*술의 특징 : 재료비율은 부의주 방문과 동일 + 연잎 / <가향방법> ① 켜켜이 앉히는 방법 - 많고 향이 좋다. 직접 훈향법 - 향과 약효가 좋다. ② 연잎에서 수분 제거(수분이 많으면 산패 위험) → 연잎을 그늘진 곳에 말림. 도수 높이려면 이양주로 하면 됨 ③ 술독 맨 밑에 연잎을 1~2장 깔고, 맨 위에도 연잎 1장을 덮는다.
*주의사항 : (別法1) 술밑을 약 1되 분량씩 연잎에 싸서 볏짚으로 묶어서 안침, 술독에 받침을 올려놓을 것 (別法2) 연방죽에 연잎을 넣어서 햇볕에 2~3일 발효시킴 / 연잎은 서리 내리기 전 연잎이 제 마르기 전에 따서 마시 사용

품목	밑술				덧술		
	주재료	누룩	물	부재료	주재료	누룩	물	부재료
이화주 梨花酒	멥쌀 1말 (구멍떡)	이화곡 2되 (가루 1되 3홉)		증류소주 1되			단양주

*술의 유래 : 폐백술(사돈댁 인사음식)-시조부모에게 알맞은 술, 일종의 농축요거트 같음(알콜도수↓, 소화력↑, 흡수력↑, 유기산함량↑) / 이화-배꽃 피는 시기인 3월 하순에 빚는 술(온도, 습도를 그 시기에 맞추어야 함 - 온도는 18~22도, 습도는 낮게)
*술의 특징 : ①단술(냉수에 타서 마셔도 됨)-누룩 양이 많으면 맛으면 단맛이 증가(일반적인 경우와 달리 호기성이므로) ②밑술은 구멍떡→뗴밥 1말에 밥 4의 미치건단 물(50도)을 섞어 반죽(메밥 넣은 경우보다 도수 너무 많으므로 멥쌀 5되, 물 2ℓ 사용) ③소주 사용(춘화용), 오염방지, 도수를 높여 저장성 향상 ④한지 몇 겹으로 덮고 작은 구멍 4개를 내줌(호기성)→효모 증식↑, 향기성→양그을 생성) ⑤서늘한 곳에 보관(주발효, 냉가, 후발효 과정이 없음
*주의사항 : 잘못하면 술이 녹지 수 있음(이화곡이 약가가 낮아 전분을 분해하지 못하고 늘어나기만 하기 때문)

| 급청주 急清酒 | 찹쌀 5되 (고두밥) | 조곡 1되 (백국 1되) | 물 탄 탁주 5되(9ℓ) | | | | 단양주 |

*술의 유래 : 탁주형태(시급주, 급시주, 청주형태(급시청주, 급청주), 老酒 또는 古酒라고도 함
*술의 특징 : ①급할 때 만드는 속성주(3~10일), ②밑술 대신 '기존의 술'을 이용하면 탁주가 밀술보다 도수가 높고, 효모 수가 많아서 발효가 빨라짐(빠라짐), 기존 술로 청주를 이용하면 탁주가 되고(청주는 3되 미만 사용→물이 양<쌀 양→탁주), '탁주'를 이용하면 탁주, 기존'청주'를 이용하면 청주가 됨→탁주 - 제출 같은 술을 얻을 수 있음 ③(숨지게미+물)+고두밥→급청주, (숨지게미+물)+고두밥→급청주+물)+고두밥 짓 밀술 개념, 물 탄 탁주는 5~8도) ②찹쌀 고두밥 이용
*주의사항 : ①탁주는 '물 탄 탁주'을 이용하되 찹쌀은 찹쌀의 술맛이 좋기 때문에 쓰기 때문에 찹쌀은 질음을 담고 부드럽다)
(속성주는 술맛이 쓰기 때문에)

품목	밑술				덧술		
	주재료	누룩	물	부재료	주재료	누룩	물	부재료
포도주 복분자	멥쌀 2도 (범벅)	조국 1도 (가루 7홉)	탕수 4도 (7.2ℓ)		멥쌀 5도 (고두밥)	누룩가루 1도	포도즙 5도 복분자 1도	꿀 1도
	*술의 특징 : 복분자주 - 약주(과실주)·과실주는 당을 이용한 발효주), 피부미용과 다이어트에 좋음(청량제) - 산딸기, 녹색 상태를 따서 건조시켜 술을 빚음 / 사용가능한 과실 - 포도, 딸기, 오디, 머루, 블루베리(오미자, 구기자, 산수유×→신맛이 강함) *주의사항 : ① 복분자에서 나오려면 쌀 양 : 복분자 양 = 50:50 이상<예> 쌀 4kg=복분자 4kg 이상) ② 복분자 - 으깨서 그냥 빚느다(처음×), 파쇄만 하고 착즙× ③ 포도 - 가장 늦게 나온 포도, 저장용 냉동 포도→아가씨야, 유재꽃 꿀 ⑤덧술 혼화하기 전(밑술+고두밥+포도즙+꿀)의 당도가 26~27brx 나와야 우리 술맛이 남.(∵ 수분이 적고, 당도가 높다) ④ 보당 - 복분자(6-8%)와 포도(12~14%) 지체는 당이 약하므로 설과 꿀로 보당 (꿀→이가씨야, 유채꽃 꿀) ⑤덧술 혼화하기 전(밑술+고두밥+포도즙+꿀)의 당도가 26~27brx 나와야 우리 술맛이 남.							
동정춘 洞庭春	멥쌀 1도 (개떡)	누룩가루 1도	(탕수 1ℓ)		찹쌀 1말 (고두밥)			
	*술의 유래 : 중국 동정호에서 고급명주로 널리 알려졌던 술·임원십육지/임원경제지에 수록 *술의 특징 : <개떡 빚는 방법> 구멍떡 반죽(80도의 뜨거운 물 450㎖ 넣고 되게 반죽, 질게 반죽하면 퍼져 버림)→호떡처럼 납작하게 쎄 덩이를 만들고 손가락으로 구멍 내어 찜통에 찐다(30~40분 간, 찜통에 물 1사발 ≥700㎖를 넣음)→익으면 꺼내서 주걱으로 갠 후(뜨거운 물 1ℓ 부어 담아 식힌다(수분 증발 방지)→식으면 누룩가루 섞어 혼화 *주의사항 : <물이 양> 밑술에 1~2사발 정도 넣어도 됨. <덧술 치댈 때 주의사항> 고두밥을 치댈 때에는 몇 덩이로 나누어 밑술에 고르게 문제 하는 것이 좋음. 밑술 항아리에 탕수를 부어 손에 물에 가면서 치댈 것. 반죽이 다리 바닥에서 떨어질 정도가 되어야 훈화가 다 된 상태							

(3) 나만의 술을 어떻게 빚을 것인가

① 맛있는 술?

술은 맛있어야 한다. 맛있어야 팔린다. 그런데 '맛있는 술'이란 어떤 술일까? '맛있는 술'이란 '모든 사람의 입맛을 만족시켜주는 술'이 아니라, '본인이 의도한 대로 나온 술'이 맛있는 술이다. 술맛은 신맛, 단맛, 쓴맛의 결합이다. 어느 맛을 더 선호하는지는 사람마다 차이가 있으므로, 모든 사람이 좋아하는 술이란 이 세상에 존재하지 않는다. 따라서 술 제조자 본인의 입맛에 맞추든, 다른 사람의 입맛에 맞추든 그 의도한 대로의 술맛이 나와줘야 하는 것이다. 전문 술꾼들을 단골로 잡기 위해 쓴맛이 좀 강한 술을 만들려고 했는데, 신맛 나는 술이 나왔다면 이는 맛있는 술이 아닌 것이다.

단맛이 강한 술, 신맛이 강한 술, 쓴맛이 강한 술, 단맛·신맛·쓴맛이 조금씩 나는 술 중 어느 술을 만들 것인가는 제조자가 판단할 사항이다. 판단하기 어려우면 본인이 좋아하는 맛을 내면 된다. 대한민국 사람들 중 본인의 입맛에 맞는 사람이 적어도 10분의 1은 될 것이므로, 염려할 필요가 없다.

② 탁주, 약주?

탁주, 약주 중 어느 술을 만들어 팔 것인가? 그리고 특별한 탁주와 약주를 만들려면 어떻게 해야 하는가?

우선 탁주부터 살펴보자. 특별한 탁주를 만들기 위해서는 알코올 도수와 재료를 달리할 수 있고, 탄산이 많은 막걸리나 거품 막걸리 등도 생각해 볼 수 있다.

첫째, 막걸리의 알코올 도수를 몇 도로 할 것인가? 일반 막걸리처럼 6%로 할 것인지, 아니면 도수를 더 높일 것인지를 고민할 필요가 있다. 탁주라고 해서 반드시 6%로 할 필요는 없다. 10%, 15%, 심지어 20%까지도 가능한 것이다. 20%는 멥쌀 발효주로 낼 수 있는 최고의 알코올 도수이다. 맑은 술을 빼거나 물을 타지 않은 채 발효 완료된 상태 그대로 채주하면 17~20%의 탁주가 될 수 있다. 알코올 도수 6%짜리, 12%짜리, 20%짜리 세 가지를 상품으로 할 수도 있다.

둘째, 특별한 탁주를 만들려면 재료를 고민해야 한다. 단맛이 적은 드라이한 맛을 내려면 멥쌀 비율을 높이고, 물 양이 많아야 한다. 단맛 나는 막걸리를 만들려면 찹쌀 비율을 높이고, 물 양을 줄여야 한다.

일반적으로 쌀로 만든 막걸리가 맛있지만 재료의 특별한 맛을 내기 위해 쌀 외의 다른 잡곡을 섞거나 잡곡만으로 만들어도 좋다. 수수막걸리, 옥수수막걸리, 현미막걸리, 좁쌀막걸리 등등이 있을 수 있다. 그런데 주의할 것은 이런 잡곡이 의외로 비싸다는 것이다. 쌀이 가장 값이 싸다. 또한 잡곡으로 할 경우에는 발효가 잘 안 될 수 있다. 쌀이 술 재료로 가장 좋은 이유는 발효가 잘되기 때문이다. 잡곡으로 술을 빚을 때에는 사전에 이런 점을 고려해서 덤벼

들어야 할 것이다.

셋째, 탄산이 많은 막걸리와 거품막걸리 등도 만들 수 있다. 막걸리에는 원래 탄산이 많은데, 무슨 탄산이 많은 막걸리를 만드느냐고 질문할 수 있다. 완전발효되면 탄산이 거의 없다. 완전발효시키기 전에 술을 거르면 탄산은 많으나 미숙주가 되어 숙취를 유발한다. 시중의 막걸리에 탄산이 많이 들어있는 것은 미숙주일 가능성이 크다. 그래서 완전발효시키되 탄산을 많이 만들어 내려면, 발효 종료 후 설탕 등의 당분을 약간 넣어 추가발효시키면 된다. 용기는 내압용기를 사용해야 할 것이다.

또한 맥주와 같은 거품막걸리도 가능한데, 이는 당화 후(後) 발효 전(前)에 '가열처리' 과정이 있어야 한다. 전분을 당화시킨 후 가열처리를 통해 단백질 분해효소를 제거하고.발효에 들어가는 방식이다. 당화제와 발효제가 구별되어 있는 입국의 경우에는 시도해볼 만한 방법인데, 우리 누룩은 당화제와 발효제가 함께 들어가 있어 쉬운 방법이 아니다.

넷째, 탁주는 칵테일로 변형시킬 수도 있다. 탁주에 과일이나 채소즙을 타서 유자막걸리, 블루베리막걸리, 오이막걸리 등을 만들 수 있다.

다음에 약주를 살펴보면, 약주는 고급술의 이미지가 강하다. 탁주가 대중적인 술이라면, 약주는 고급주로서의 성격이 있으므로, 그 점을 공략해야 할 것이다. 특별한 약주를 만든다는 것은 더 고급스런 약주를 만드는 것을 의미한다. 약주를 고급화하려면 누룩에 신경 써야 한다.

밀 누룩을 쓸 것인지, 쌀누룩이나 보리누룩, 녹두누룩을 쓸 것인지, 아니면 다른 잡곡 누룩을 쓸 것인지를 고민해야 한다. 밀 누룩이라도 분곡으로 하면 고급술이 된다. 따라서 고급약주를 빚기 위해서는 누룩을 자유자재로 다룰 수 있는 특별한 기술과 정성이 요구된다. 처음부터 쉽게 덤벼들 것도 아니지만, 불가능한 것도 아니다. 특별한 손님들이 찾는 가게를 내고 싶다면 특별한 누룩으로 빚은 약주를 만들면 된다.

③ 음식점, 주점?

술은 음식점에서 먹을 수도 있고, 주점에서 먹을 수도 있다. 음식점 영업자가 하우스막걸리를 만드는 것은 술을 반주 개념으로 보기 때문일 것이다. 우리의 전통문화에서 술은 반주 개념이었다. 밥과 함께 먹는 문화였던 것이다. 따라서 전문 주점보다 음식점에서 의외로 우리 전통주가 많이 팔릴 수 있다. 그렇다면 밥과 함께 어울리는 술을 만들어야 한다.

단품요리에 어울리는 술, 코스요리에 어울릴 수 있는 술 등을 개발해야 한다. 예컨대 한정식을 코스요리로 낼 경우, 각 코스마다 거기에 어울리는 술을 낼 수 있다. 애피타이저(appetizer) 개념의 술, 각 요리마다의 술, 디저트 개념의 술 등을 만들면 된다. 우리 술 중에 이런 술들이 있는가? 있다. 우리의 전통주는 그 다양성이 무궁무진하므로, 거기에 기반을 두고 새롭게 개발하면 되는 것이다. 그리고 여러 종류의 술을 내가 전부 제조할 필요는 없다. 그 중 한두 가지만 만들고, 나머지는 다른 전통주 양조장이나 하우스막걸리 집에서 가져오면 된다.

그런데 전문주점은 사람들이 술을 먹으러 오는 장소이기 때문에 술에 대한 기본정보나 지식을 갖고 오는 경우가 많다. 따라서 술을 설명하기가 어렵지 않다. 그러나 음식점의 경우에는 손님들이 우리 전통주를 모르는 경우가 허다하다. 갑자기 메뉴판에 5~10만 원짜리 약주가 올라와 있다면, 누가 이 술을 사먹겠는가? 음식점에서 우리 전통주를 만들어 팔려면, 주인이 전통주에 대한 애정과 인내심을 갖고 손님들에게 술을 설명할 수 있어야 한다. 일단 손님들이 먹어보아야 한다.

주점에서 하우스막걸리를 제조 판매하려면, 고객층과 장소를 잘 고려해야 할 것이다. 싸게 할 것이냐, 비싸게 할 것이냐의 문제이다. 주점에 찾아오는 고객층과 주점이 위치한 장소 등을 볼 때 비교적 저렴한 술을 팔아야 할 경우라면, 비싼 약주를 만들어 팔 수는 없다. 탁주를 위주로 하되, 다양하게 하면 된다. 앞에서 본 바와 같이 탁주 종류가 한 가지라도 알코올 도수를 다양하게 할 수 있고, 칵테일도 만들 수 있다.

그리고 고객층과 장소를 고려해 볼 때, 비싼 것이 오히려 잘 팔릴 수 있겠으면, 알코올 도수가 높거나 진짜 특이한 탁주나 고급 약주를 만들어 팔면 된다. 이런 곳은 술도 중요하지만 내부 인테리어나 서비스, 분위기도 중요하다. 피아노 연주를 들으면서 전통주를 먹을 수 있는 것이다. 전통주라고 해서 부채춤이 나와야 하고, 탁배기 잔에 먹어야 하는 것은 아니다. 사람들은 잠재적으로 '고급'이라고 생각하는 것들이 있다. 손님들이 고급이라고 생각하는 기존의 도구들을 적절히 활용하면 될 것이다. 와인 잔에 약주를 먹는 것이 사기잔에 먹는 것보다 훨씬 고급스러울 수 있는 것이다.

④ 어디서부터 시작할 것인가?

이제 술을 어떻게 만드는지, 그리고 하우스막걸리 사업을 하기 위해서 어떤 술이 어울릴 것인지에 대해서 알아보았다. 그러면 지금 무엇부터 시작해야 할 것인가?

표준적인 술을 빚어 보아야 한다. 표준적인 술빚기가 어느 정도 안정적으로 나오면, 그 다음에는 이를 차츰 변형시켜 나만의 특별한 술을 준비하면 될 것이다. 그렇다면 표준적인 술은 무엇인가?

전통주에는 단양주, 이양주, 삼양주 … 등이 있는데, 단양주는 잘 빚으면 그 맛이 새콤달콤해서 중양주로도 낼 수 없는 기막힌 술이 된다. 그런데 단양주는 잘 빚기가 쉽지 않다. 잘 빚더라도 계속 좋은 술이 나오기가 어렵다. 이는 앞서 본 바와 같이 자연에서 술균을 접종시키는 전통누룩의 태생적 한계에 근거한다. 그리고 삼양주 이상의 술빚기는 발효가 안정적으로 되고, 알코올 도수가 높으며, 술의 양이 많은 장점이 있으나, 그 과정이 이양주보다는 복잡하다. 따라서 이양주로 적당한 품질의 술이 나오지 않으면 삼양주 이상을 고려해 볼 수 있으나, 이양주만으로도 품질이 훌륭하다면 굳이 삼양주 이상을 빚을 필요는 없다.

그렇다면 이양주로서의 표준적인 술의 레시피는 어떻게 되는가? 이는 옛문헌에 나와 있는 여러 전통주의 레시피를 참고하고, 실제 술을 빚어본 결과, "밑술 쌀 양 : 덧술 쌀 양 = 1 : 5, 전체 쌀 양 : 전체 물 양 = 1 : 1"이 적당하다. 누룩의 양은 앞서 살펴본 바와 같이 역가를 계산하면 나온다. 그리고 밑술의 종류는 술의 안정적 발효와 술빚기의 난이도 등을 고려할 때, 처음에는 범벅 방식이 좋다. 밑술을 멥쌀로 한다는 것은 앞에서 보았고, 덧술은 처음에는 찹쌀로만 한다. 찹쌀로 하면서 차츰 멥쌀 비중을 늘리고, 나중에는 멥쌀 100%로 빚어보면 된다.

예컨대 덧술을 찹쌀 한 말(8kg)로 빚는다고 할 때, 밑술은 멥쌀 1.6kg(=8kg×1/5)으로 하고, 범벅으로 만든다. 물 양은 9.6ℓ (=쌀 양 9.6kg)이고, 누룩 양은 1kg 정도를 넣으면 된다.

[쌀 9.6kg(=8kg+1.6kg)를 당화시키는 데에 필요한 총당화력은 270,000sp × 9.6/10 = 259,200sp이고, 누룩의 당화력이 300sp라고 할 경우 누룩 양은 259,200sp ÷ 300sp = 864g이다.]

이러한 재료들을 가지고 술빚기를 할 경우, 월요일부터 술빚기를 시작한다고 전제할 때 양조과정은 다음 표와 같다.

	작업내용
월	오전 8시 : 밑술용 멥쌀 1.6kg을 씻고 물에 불린다 오후 3시 : 물에 불린 멥쌀 1.6kg을 헹군 후 롤러에 빻는다 → 뜨거운 물 9.6ℓ를 넣고 범벅한다
화	오전 8시 : 반나절 식힌 범벅에 누룩 1kg을 넣고 혼화 → 입항 → 주발효(36시간) 개시
수	저녁 8시 : 냉각 개시 저녁 12시 : 냉각 해제 → 후발효 개시
목	밑술 후발효 진행 중
금	오전 8시 : 덧술용 찹쌀 8kg을 씻고 물에 불린다 오후 3시 : 고두밥 찌고 식히기 → 밑술 술덧을 넣고 혼화 → 입항 →주발효(48시간) 개시
토	덧술 주발효 진행 중
일	오후 6시 : 덧술 냉각 개시
월	오전 8시 : 덧술 냉각 해제 → 후발효 개시 (50일 정도)

이러한 표준적인 술빚기를 적어도 10회 이상 해보아야 한다. 그 후 술빚기에 자신감이 생기면, 물 양을 적게 또는 많이 변화를 주어 빚어본다. 그리고 덧술에서 찹쌀 양과 멥쌀 양의 비율을 바꿔가며 술빚기를 해본다. 이러한 힘든 과정을 통해야 자기만의 술이 나올 수 있다.

술을 빚으면서 주의할 것은, 술빚는 것이 그리 고상한 일이 아니라는 것이다. 술빚는 과정의 3분의 2가 설거지이고, 무거운 것도 들고 날고 해야 하는 고된 일이다. 그리고 단순노동이고, 기다리는 작업이다. 한 달에서 길게는 석 달까지 기다려야 술이 나온다. 그리고 실패할 때가 많다. 실패를 두려워하면 안 된다. 물론 술이 잘 되어서 남한테 자랑하고 싶지만, 참아야 한다. 실패를 많이 해야 술을 보다 잘 알 수 있고, 술을 컨트롤할 수 있게 되는 것이다. 남이 맛있다고 말하는 것은 내가 그만큼 고생했다는 의미이다. 고생과 정성이 없이는 술이 나올 수 없다.

하우스막걸리

ⓒ 정회철 2016
지은이 정회철
펴낸이 고경대
펴낸곳 동문통책방

초판 1쇄 인쇄 2016년 4월 10일
초판 1쇄 발행 2016년 4월 20일

제주사무소 제주특별자치도 구좌읍 비자숲길 58, tel. 010-8007-5504
이메일 eastofwisdom@naver.com

등록 2013년 10월 24일, 제396-2013-000158호
isbn 979-11-951580-6-5 13570
Printed in Korea
책값은 이 책의 뒷표지에 표시되어 있습니다.

동문통책방 eastern avenue of wisdom

제주도에 우마차가 수송수단이던 가까운 옛날,
제주시에 있는 동문통은
육지에서, 섬의 중산간에서, 해안 각지에서 사람들이 모여
서로 소통하는 곳,
세상의 온갖 문물이 한데 모이는 곳이었습니다.

이곳의 의미를 빌려서,
사람과 문화를 소통하는 '통신'으로,
사람이 이 땅에서 살아가는 지혜가
동(東)쪽 한켠에서 문(文)화로 소통(通)하는 데 쓰이는 그릇(冊房)
으로 새롭게 뜻을 입혀 출판사를
동문통책방이라 이름하고 책을 내고 있습니다.

동문통책방을 만들었습니다.

2016년 봄에 동문통책방에서 다섯번째 책을 냅니다.

첫번째 책　**기획력강의** 현경택 지음
두번째 책　**한국전쟁수첩** 부창옥 지음
세번째 책　**내 인생의 데자뷔** 공유상 지음
네번째 책　**그림을 곁들인 헌마공신 김만일 평전** (사)헌마공신 김만일기념사업회
다섯번째 책　**하우스막걸리** 정회철 지음